Dieses Buch gehört

Georg Austen / Matthias Micheel / Niklas Wagner (Hg.)

Himmelswege

Geschichten und Lieder von Heiligen und Helden

Mit Beiträgen von Manfred Becker-Huberti

Mit Illustrationen von ulf k.

Butzon & Bercker
Bonifatiuswerk

Inhaltsverzeichnis

Viele der im Buch befindlichen Texte und Lieder sind auf der separat erhältlichen gleichnamigen CD enthalten. Zudem ist ein Memo-Spiel zum Buch erhältlich. Weitere Informationen auf S. 154

Vorwort

Mit NAMENSTAGS-KALENDER als Poster

Heilige sind Menschen, die in besonderer Weise ein christliches Leben geführt haben. Sie zeichnen sich durch große Nächstenliebe, Mut, Selbstlosigkeit, ihre Suche nach Sinn und Fragen an das Leben, einen unerschütterlichen Glauben an Gott oder manchmal auch Glaubenszweifel aus – oder durch all das zusammen. Manche von ihnen haben vor vielen, vielen Jahrhunderten gelebt, andere sind erst seit wenigen Jahren tot – doch alle können uns Christen ein Vorbild sein, wie ein Leben im Glauben an Gott gelingen kann.

In diesem Buch werden wichtige Legenden von bekannten und weniger bekannten Heiligengestalten kindgemäß nacherzählt. So erfahren die Kinder, wie Ansgar den wilden Wikingern den Glauben brachte, Georg den Drachen tötete und Mutter Teresa hingebungsvoll die Kranken pflegte. Sie können nachlesen, warum Veronika mit einem Tuch dargestellt wird, wie Maximilian Kolbe einem Familienvater das Leben rettete und was Hildegard von Bingen gegen Blasen an den Füßen empfiehlt. Hinzu kommen Geschichten um bekannte biblische Helden wie David und Daniel.

> **Gerade die Heiligen sind es, die die Kirche voranbringen und wachsen lassen.**
>
> Papst Franziskus

Ergänzend finden sich zu vielen Heiligen informative Hintergrundtexte des angesehenen Brauchtumsexperten Manfred Becker-Huberti, die sich eher an Erwachsene richten, sowie zahlreiche Lieder, Gebete, Gedichte und Kreativideen.

Darüber hinaus haben uns einige Prominente in sehr persönlichen Statements verraten, wer ihr „Lieblingsheiliger" oder „Lieblingsheld" ist. Dafür sei ihnen herzlich gedankt.

Heilige sind Menschen, durch die Gottes Liebe in der Welt aufleuchtet. Sie sind sozusagen ein Fenster zum Himmel. In ihnen berühren sich Himmel und Erde. In diesem Sinne wünschen wir Ihnen und Euch berührende Momente mit den Lebensgeschichten.

Georg Austen / Matthias Micheel / Niklas Wagner

Wie man selig oder heilig wird

Was ein Heiliger ist, weiß seit Papst Johannes Paul II. die ganze Welt: Das ist ein verstorbener (katholischer) Mensch, von dem durch den Vatikan sehr genau geprüft wurde, ob er so gelebt hat, dass er vor Gott bestehen kann – so weit und so genau sich das prüfen lässt. Wird dies bejaht, kann der Betreffende zunächst einmal seliggesprochen werden. Nach einer erneuten Prüfung kann er auch heiliggesprochen werden. Seliggesprochene dürfen in ihrem Bistum oder ihrem Orden verehrt werden, Heiliggesprochene weltweit. Sie bekommen einen Gedenktag zugewiesen, der meist ihr Todestag ist. Der Todestag eines Heiligen gilt als sein himmlischer Geburtstag – denn an diesem Tag wurde er als Heiliger „neu geboren". Kein Papst hat jemals mehr Selige und Heilige kreiert als Johannes Paul II.

Das komplizierte Regelwerk der Selig- und Heiligsprechung hat sich seit dem Mittelalter entwickelt, um auszuschließen, dass Unwürdige oder Zweifelhafte „zur Ehre der Altäre" gelangen können. Und auf die Altäre gelangen die Heiligen, denn ihr Leib wird „erhoben", umgebettet in einen Sarkophag, der versiegelt und quer auf einen Altar gestellt wird. Teile der Gebeine werden entnommen, um in Reliquiare, kostbare Behälter für Reliquien, aufgenommen oder aber in Altäre, die neu geweiht werden, eingelassen zu werden.

Der erste Heilige, der nach dem Verfahren unter Beteiligung des Vatikans Heiliger wurde, war nach allgemeiner Erkenntnis um 993 Ulrich von Augsburg (890–973). Bis dahin wurde man heilig, wenn die Gläubigen einen Verstorbenen als solchen verehrten und der zuständige Bischof nicht widersprach. Mit dem heiligen Ulrich begann das noch heute übliche Verfahren.

Und wozu dient die Heiligsprechung?

Menschen suchen Vorbilder, Christen suchen nach gelungenem christlichen Leben, dem sie nachfolgen können. Sie wollen sich mit solchen Menschen identifizieren, übernehmen deren Namen, stellen sich unter deren Schutz.

„Geburtstag feiert jede Kuh", hieß es früher in katholischen Gegenden, wenn gefragt wurde, warum man denn nur den Namenstag, nicht

aber den Geburtstag feiere. Katholiken wählten den Tauf-, Ruf- oder Vornamen nach einem Heiligen, der als Vorbild galt. Für Mädchen wurde eine Heilige, für Jungen ein Heiliger gewählt; allerdings konnte Jungen als zweiter Vorname auch der Name einer Heiligen gegeben werden, wie z. B. bei Klemens Maria Hofbauer. Geburtstag zu feiern galt als unschicklich, denn der Tag war Zufall, das Ereignis des „Hurra-ich-lebe-noch" galt nicht als persönlicher Erfolg. Warum also sollte man Geburtstag feiern? Der Gedenktag des Namenpatrons aber gab Gelegenheit zum Feiern, denn gefeiert wurden der Heilige und sein „Nachfolger", das „Namenstagskind". Bis in die Fünfzigerjahre des vergangenen Jahrhunderts hatte dies Bestand. Katholiken feierten höchstens „runde" Geburtstage wie den 50., den 60. oder den 75. Geburtstag und den Eintritt in das Erwachsenenalter zum 18. bzw. 21. Geburtstag.

Auch wenn Martin Luther die Verehrung der Heiligen in seiner Gemeinschaft abgeschafft hat, weil – nach seiner Auffassung – der Mensch keine Fürsprecher braucht, sind die Heiligen, die es vor der Reformation 1517 gab, durchaus im Bewusstsein evangelischer Christen. Eine Heiligsprechung kennt aber weder die evangelische Kirche noch kennen sie andere religiöse Gemeinschaften wie Juden, Muslime, Hindus oder Buddhisten. Hier gibt es verehrungswürdige Menschen, die wie die Heiligen der katholischen Kirche verehrt werden; aber den Status eines Heiligen in diesem Sinne haben sie nicht.

Auch wenn das Bild manchmal täuscht, wenn man Heilige auf hohen Säulen mit verzückten Augen verstaubt dastehen sieht: Heilige sind für uns nicht in unerreichbaren Fernen: Legenden, Geschichten und Bilder erzählen aus ihrem Leben, damit wir werden wie sie. So wie sie einst ihren Weg zur Heiligkeit gesucht haben, sollen wir es auch.

Das haben schon die Apostel so gesehen. Sie sprachen die Christen als die in Christus Jesus Geheiligten, als Heilige, an (1 Kor 1,2; Hebr 3,1; 13,24; Offb 18,20). Der eine Heilige, Gott selber, heiligt die, die sich versöhnen lassen und sich in die Nachfolge begeben.

Manfred Becker-Huberti

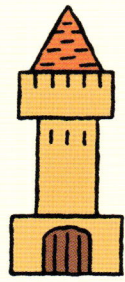

Allerheiligenlied

♩. = 48

| D | G | A | D | Hm |

Zu Al - ler - hei - li - gen woll'n wir der Hei - li - gen, ja al - ler

| Em | A | D | G | A |

Hei - li - gen ge - den - ken und ih - nen Ker - zen mit fro - hen

| D | Hm | Em | A | D |

Her - zen, gu - te Ge - dan - ken, Ge - be - te schen - ken und so er -

| F♯ | Hm | E |

fah - ren, wie sie einst wa - ren und dies von je - nem und das von

| A | Em | A |

je - nem uns von den Hei - li - gen zum Vor - bild

| D | G | A | D |

neh - men, uns von den Hei - li - gen zum Vor - bild neh - men.

© 2008 by Robert Haas Musikverlag, 87439 Kempten, www.robert-haas.de.
Text: Rolf Krenzer, Musik: Robert Haas

Heilige sind Menschen, durch die die Sonne scheint

Günter ging mit seiner Mutter durch die Stadt. Sie kamen an der großen Kirche vorbei. Günter sah nach oben und meinte: „Mutti, sieh mal, die Fenster sind ja ganz schmutzig!"

Die Mutter sagte nichts, sondern nahm Günter bei der Hand und ging mit ihm in die Kirche hinein. Hier waren die Fenster, die von außen ganz grau und schmutzig aussahen, plötzlich strahlend bunt und leuchteten in den hellsten Farben. Da staunte Günter, und er schaute sich die Fenster genau an.

WUSSTEST DU …

ALLERHEILIGEN ist das Fest aller Heiligen, das Fest der vielen Menschen, von deren Heiligkeit kaum einer weiß, und das Fest derer, die offiziell von der Kirche heiliggesprochen wurden. Seit dem neunten Jahrhundert wird am 1. November gemeinsam aller gedacht, die Christus konsequent nachgefolgt sind und nun bei ihm leben. So ist Allerheiligen ein „kleines Osterfest".

Georg Austen

Vorne über dem Altar war ein besonders schönes Fenster. Viele Menschen in bunten Kleidern waren da zu sehen. Durch eine Figur strahlte gerade die Sonne hindurch, sodass sie besonders hell erschien.

Günter fragte: „Mutti, wer ist denn das?"

„Da vorne", antwortete die Mutter, „das ist ein Heiliger. Es ist der heilige Martin."

Das hatte sich Günter gut gemerkt. Ein paar Tage später fragte die Lehrerin, Frau Müller, die Kinder im Religionsunterricht in der Schule: „Weiß jemand von euch vielleicht, was ein Heiliger ist?"

Da war großes Schweigen in der Klasse. Nur Günter sprang auf und sagte: „Ich weiß es: Ein Heiliger, das ist ein Mensch, durch den die Sonne scheint."

Heinrich Engel

Die Frau aus Nazaret

Maria war eine junge Frau. Sie wohnte in einem kleinen Dorf in Galiläa (heute Israel). Dieser Ort hieß Nazaret. Die Leute, die damals hebräisch sprachen, nannten sie „Mirjam". Das heißt auf Deutsch: „die von Gott Geliebte". Maria stammte aus dem Geschlecht des großen Königs David. Wer ihre Eltern waren, ob sie noch Geschwister hatte, wie sie erzogen wurde – das alles wissen wir nicht genau.

Die Bibel berichtet nicht viel über diese junge Frau. Ganz sicher wissen wir, dass Maria schon früh verlobt war. Ihr Verlobter hieß Josef. Er war Schreiner und Zimmermann in Nazaret.

Eines Tages kam der Engel Gabriel zu Maria. Er sprach: „Ich grüße dich, Maria. Gott ist mit dir!" Maria erschrak, doch der Engel sagte zu ihr: „Hab keine Angst! Du wirst ein Kind bekommen. Ihm sollst du den Namen Jesus geben."

Maria wunderte sich sehr und fragte: „Wie soll das geschehen?" Da antwortete der Engel: „Gottes heiliger Geist wird über dich kommen und dein Kind wird heilig sein. Auch deine Kusine Elisabet erwartet ein Baby. Dabei dachten alle, dass sie keine

Kinder bekommen kann. Aber für Gott ist nichts unmöglich!" Da sagte Maria: „Ja, ich bin zu allem bereit, was Gott möchte. Es soll geschehen, wie du gesagt hast." Dann verließ sie der Engel.

Maria war sehr glücklich, dass sie die Mutter von Jesus werden durfte. Weil sie froh war, wollte sie ihre Kusine Elisabet besuchen und ihr erzählen, was der Engel Gabriel gesagt hatte. So machte sich Maria auf den Weg. Elisabet, die im sechsten Monat schwanger war, freute sich über den Besuch ihrer Kusine. Laut rief sie: „Gerade hat sich das Kind in meinem Leib bewegt. Was für ein Freudentag! Die Mutter meines Heilands kommt zu mir!" Beide Frauen sprachen und beteten viel miteinander.

Maria blieb drei Monate bei Elisabet. Dann ging sie wieder nach Nazaret zurück.

Eines Tages wollte der Kaiser wissen, wie viele Leute in seinem Reich wohnten. Er befahl: „Alle gehen in den Ort, wo sie geboren sind. Dort lassen sie sich in eine Liste eintragen!" Auch Josef machte sich auf den Weg. Er zog von Nazaret nach Bethlehem, in die Stadt des Königs

Maria

**Wir grüßen dich, Maria.
Dich hat Gott lieb,
dir hat er Jesus anvertraut.
Du kennst ihn besser
als irgendein anderer Mensch.
Du bist eine besondere Mutter.
Und du hast alle lieb,
die zu den Freunden deines
Sohnes gehören.
Danke, dass du auch uns lieb hast.**

Eleonore Beck

Maria

Gottesmutter

Geboren: um 15 v. Chr.

Gestorben: 15.8.48 (?)

Gedenktag: 1. Januar

Patronin der (katholischen) Christenheit, von Bayern und Patron des Erzbistums Freiburg, der Priester, Hebammen, Gastwirte

Kennzeichen/Attribute: Kreuz, Maria mit Jesuskind, Marienstatue

David. Maria ging mit ihm. Die Reise war sehr mühsam.

Als sie in Bethlehem ankamen, spürte Maria, dass ihr Kind bald zur Welt kommen würde. Sie suchten ein Haus zum Übernachten, aber nirgends war Platz für sie. In den Herbergen der Stadt war alles voll.

Schließlich fanden Maria und Josef vor der Stadt einen Stall, in dem sie übernachten konnten. Kurz darauf brachte Maria ihr Kind zur Welt. Sie nannte es Jesus, wickelte es in Windeln und legte es in eine Futterkrippe.

Reinhard Abeln

Maria

♩ = 90

1. Dich, Ma - ri - a, lie - ben wir und wir
2. Dich, Ma - ri - a, lo - ben wir und wir
3. Dich, Ma - ri - a, prei - sen wir und wir
4. Dir, Ma - ri - a, dan - ken wir und wir

kom - men heut zu dir, dich zu lo - ben, dich zu
kom - men heut zu dir. Du hast un - sern Herrn ge -
kom - men heut zu dir. Du hast so viel Leid er -
kom - men heut zu dir, kom - men her mit un - sern

prei - sen, un - sern Dank dir zu er - wei - sen.
bo - ren. Oh - ne ihn sind wir ver - lo - ren.
tra - gen, als sie ihn ans Kreuz ge - schla - gen.
Sor - gen, und bei dir sind wir ge - bor - gen.

1.–4. Zu dir, Mut - ter un - se - res Herrn,

kom - men wir heut und hier im - mer wie - der gern.

© 2008 by Robert Haas Musikverlag, 87439 Kempten, www.robert-haas.de.
Text: Rolf Krenzer, Musik: Robert Haas

WISSENSWERT

DIE BEDEUTUNG DES NAMENS Maria ist nicht unumstritten. Wahrscheinlich leitet sich Maria vom ägyptischen „mry" (= „geliebt") her und wurde zum hebräischen „Mirjam". Im Alten Testament findet sich Mirjam zuerst als Name der Prophetin und Schwester des Mose. Über die griechische Zwischenform „Mariam" bildete sich das lateinische „Maria". Im Arabischen entstand „Maryam".

Des besonderen Ranges der Maria als Mutter Gottes wegen wurde ihr Name im Altertum und Mittelalter eher nicht als Personenname gewählt. Erst im 16. Jahrhundert findet er breite Verwendung. Im 19. Jahrhundert wurde Maria auch zu einem Zweitnamen für Männer: Carl Maria von Weber, Rainer Maria Rilke sind ältere Belege, Markus Maria Profitlich ist ein aktueller Beleg). Ein Standbild der Maria existiert in nahezu jeder katholischen Kirche, das mittägliche Angelusläuten erinnert bei jeder Kirche an ein Mariengebet; zahllose Wallfahrtsorte, Kirchen, Klöster, Gebete, Musik und Festtage sind mit der Heiligen verbunden. In der Gegenwart und in Deutschland ist Maria in allen Wortvarianten einer der häufigsten Namen, die neugeborenen Mädchen verliehen werden.

Unser Wissen über Maria stammt aus den Evangelien. Sie wird als junge Verlobte des Josef geschildert, die von einem Engel als Begnadete bezeichnet

wird; er kündigt an, sie werde jungfräulich den Messias gebären. Maria fügt sich demütig. Ihr Besuch als Schwangere bei ihrer gleichfalls mit dem späteren Johannes der Täufer schwangeren Base Elisabet zeigt erstmals Elemente der späteren Verehrung auf. Bei der Darstellung Jesu im Tempel kündigt ihr Simeon das Leiden um und mit ihrem Sohn an. Als der zwölfjährige Jesus bei der Jerusalemwallfahrt im Tempel zurückbleibt, statt mit nach Hause zu ziehen, deutet sich das öffentliche Wirken des Messias an. Jesus tritt aus seiner natürlichen Familie heraus und gründet eine „neue Familie", seine Jüngerschaft. Von seiner Mutter spricht er nur mehr als „Frau" und bezeichnet als Mutter, die den Willen Gottes erfüllen, sein Wort hören und seinen Willen erfüllen. Eben darin ist Maria die erste Anhängerin Jesu, die bei der wunderbaren Weinvermehrung in Kana die Handlungsmaxime für alle Christen vorgibt: „Was er euch sagt, das tut!" Am Kreuz sterbend übergibt er seine Mutter in die Obhut des Apostels Johannes. Katholiken und Orthodoxe gehen davon aus, dass Maria keine weiteren Kinder neben Jesus hatte.

Apokryphe Texte haben das Marienbild ausgemalt. Sie berichten von der Mutter Anna und dem Vater Joachim und der wunderbaren Geburt der Heiligen, die nach katholischer Lehre ohne Erbsünde geboren wurde.

Die besondere Bedeutung der Mutter Jesu hat ihre Wurzeln in christologischen Streitigkeiten zu Beginn des 5. Jahrhunderts. Das Konzil von Ephesus definierte 431 schließlich Christus als eine Person in zwei Naturen, also Gott und Mensch zugleich, wodurch Maria zur „Gottesgebärerin" (gr.

theotokos) wurde. Marientitel wurden „heilige Jungfrau", Mutter Gottes, Unsere Liebe Frau. Der Gruß des Verkündigungsengels wurde zum „Ave Maria", einem katholischen Standardgebet, das auch im Rosenkranz meditierend gebetet wird. Der „Angelus" (Engel des Herrn) wurde zum mittäglichen Gebet, zu dem um 12 Uhr die Kirchenglocke angeschlagen wird.

Während die Marienverehrung in der evangelischen Kirche in Maria ein Vorbild neben vielen anderen sieht, widerspricht ihre Rolle als Gnadenvermittlerin evangelischer Theologie genauso wie etwa die Dogmen von der Unbefleckten Empfängnis (1854) oder der leiblichen Aufnahme in den Himmel (1950).

In der Bibel wird Maria zuletzt in der Apostelgeschichte betend mit den Aposteln erwähnt. Zu ihrem Sterbeort gibt es zwei Traditionen: Eine ältere Tradition behauptet ihren Tod in Jerusalem (dormitio / Mariä Entschlafung), eine andere gibt an, Maria habe mit Johannes in Ephesus gelebt und sei dort gestorben und begraben worden. Während die Orthodoxie in der bildlichen Darstellung den Tod Mariens und ihre Grablegung betont, hat in der katholischen Kirche seit dem Barock die Himmelfahrtsdarstellung deutlich zugenommen.

Als Namenstag der Maria Genannten gilt der 1. Januar, das Hochfest der Gottesmutter Maria. Das Fest Mariä Namen am 12. September wurde erst von Papst Innozenz XI. 1683 zum Dank für den Sieg über die Türken vor Wien allgemeinverbindlich eingeführt.

Marienfeste im Jahreslauf sind:

1. Januar	Hochfest, Maria, Mutter des Herrn
11. Februar	Unsere Liebe Frau in Lourdes
2. Juli	Mariä Heimsuchung
5. August	Maria Schnee (Weihetag der Basilika Santa Maria Maggiore, Rom)
15. August	Mariä Aufnahme in den Himmel
12. September	Mariä Namen
15. September	Schmerzen Mariens
7. Oktober	Unsere Liebe Frau vom Rosenkranz
21. November	Unsere Liebe Frau in Jerusalem
8. Dezember	Hochfest, Ohne Erbsünde empfangene Jungfrau und Gottesmutter Maria

Die Sterndeuter aus dem Morgenland

Zu der Zeit, als Jesus in Betlehem geboren wurde, standen eines Morgens vor dem Palast des Königs in Jerusalem drei vornehm gekleidete Männer. Es waren Sterndeuter aus dem Morgenland.

Ist hier im Schloss ein Kind zur Welt gekommen?", fragten sie einen der herumlungernden Wächter. „Nein, davon haben wir nichts gehört", lachte der Mann.

„Dann melde uns beim König. Vielleicht kann er uns Auskunft geben."

Aber auch Herodes wusste nichts von einem neugeborenen Prinzen.

„Wer hat euch das erzählt?", fragte er misstrauisch.

„In unserer Heimat ist ein großer Stern am Himmel erschienen, er hat uns hierher geführt", antworteten die Weisen. „Es ist ein Stern, der die Geburt eines neuen Königs verheißt." Herodes erschrak. Sollte es sich um den in den alten Schriften angekündigten Christus handeln, den Befreier des Volkes?

„Ruht euch vorerst einmal von der langen Reise aus", sagte er, „inzwischen werde ich mich nach dem König, den ihr sucht, erkundigen."

Er ließ seine Schriftgelehrten und Priester zusammenrufen und befahl ihnen, ihm die Bedeutung des Sterns, von dem die Fremden gesprochen hatten, zu erklären. Es war kein Irrtum: Die kleine Stadt Betlehem war ausersehen, dem Volk Israel einen neuen König zu schenken. Herodes begann, um seine Macht zu fürchten. Das Kind durfte nicht am Leben bleiben.

„Geht hin nach Betlehem", sprach er zu den Sterndeutern.

„Und wenn ihr das Kind findet, kommt zurück, damit auch ich ihm huldigen kann."

Die Sterndeuter versprachen es. Sie folgten weiter dem Stern, bis er in der Nähe Betlehems stehen blieb. In einem Stall fanden sie Maria und Josef und das Kind, das in einer Krippe lag, arm und nackt. Trotzdem wussten sie, dass sie den verheißenen König gefunden hatten.

Da fielen sie auf die Knie, beteten es an und schenkten ihm Gold, Weihrauch und Myrrhe. Doch als sie sich glücklich schlafen legten, erschien ihnen Gott im Traum und sprach: „Herodes hat mit dem Kind Böses vor. Kehrt nicht zu ihm zurück!"

Und auch Josef sah im Schlaf einen Engel des

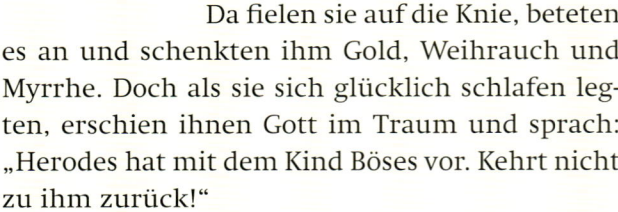

Wo Jesus ist

Es war das helle Licht des Sterns,
das die drei weisen Männer
zu Jesus geführt hat.
Wo Jesus ist, ist das Licht.
Wo Jesus ist, ist große Freude.
Wo Jesus ist, ist Hoffnung.
Wo Jesus ist, ist Frieden.

Heilige Drei Könige
Magier/Sterndeuter aus dem Morgenland

Geboren: unbekannt

Gestorben: um 53

Gedenktag: 6. Januar

Patrone von Köln, Patrone der Pilger und Reisenden

Kennzeichen/Attribute: Jesuskind, Stern, Krone

Herrn, der zu ihm sagte: „Steh auf, nimm das Kindlein und seine Mutter und flieh nach Ägypten!"

Noch ehe die Sonne am Himmel erschien, brach Josef auf. Die Sterndeuter ließen Jerusalem und den Königspalast am Wege liegen und kehrten in ihre Heimat zurück. Herodes wartete vergeblich auf die Sterndeuter. Als er merkte, dass sie ihn durchschaut hatten, ließ er alle Kinder in Betlehem, die jünger als zwei Jahre waren, von seinen Knechten umbringen. Josef aber blieb mit Maria und dem Kind in Ägypten, bis Herodes gestorben war. Dann kehrte er mit seiner Familie ins galiläische Land, nach Nazaret, zurück.

Max Bolliger

WISSENSWERT

IM RAHMEN DER GEBURTSERZÄHLUNG berichtet der Evangelist Matthäus (2,1–12), und nur er, von Magiern – ohne eine Anzahl anzugeben – (gr. mágoi; im engeren Sinn Angehörige der medisch-persischen Priesterkaste; im weiteren Sinne Astrologen, Traum-, Orakeldeuter, Seher), die einen „Stern" („Stern von Betlehem") gesehen haben, dem sie über Jerusalem bis zum Geburtsort Christi gefolgt sind. Herkunftsländer und Namen der Magier werden nicht genannt. Heute wird die Historizität der Magiererzählung von der neutestamentlichen Forschung mehrheitlich nicht aufrechterhalten.

Anhand der drei symbolischen Geschenke – Gold, Weihrauch und Myrrhe – wurde schon von Origines (um 185–254) die Dreizahl der Magier angenommen, was bald Allgemeingut wurde. Tertullian (um 160–220) verweist auf Jes 60,6 und Ps 72,10: „Könige von Tarschisch, Saba und Scheba bringen Geschenke." Spätestens seit Caesarius von Arles (469–542) sind die drei Magier zu Königen geworden. Als Letztes bilden sich für die drei Könige Namen aus. Die „Legenda aurea" nennt noch die angeblich hebräischen Namen „Appelius, Amerius, Damscus" und die angeblich griechischen „Galgalat, Balthasar, Melchior". Aber schon das berühmte Mosaik aus dem 6. Jahrhundert in Ravenna (S. Apollinare Nuovo) listet auf: Der Älteste heißt Caspar, der mittlere Balthasar, der jüngste Melchior. Keiner der drei hatte zu diesem Zeitpunkt eine schwarze Hautfarbe. Seit dem 9. Jahrhundert sind Caspar (persisch:

Schatzmeister), Melchior (= Gottesschutz) und Balthasar (= Lichtkönig) üblich. Einer davon, zunächst überwiegend Kaspar, dann aber Melchior, galt als „Mohr" und Vornehmster der drei. Seit Beda Venerabilis (674–735) repräsentieren die drei Könige die drei Lebensalter: Jüngling, Mann „in den besten Jahren" und Greis. Sie versinnbildlichen darüber hinaus die drei damals bekannten Kontinente: Asien, Europa und Afrika. Über den weiteren Lebensweg der drei Könige erzählen die Apokryphen. Das Proto-Evangelium des Thomas (6. Jh.) berichtet von ihrer Taufe. Sie sollen später zu Priestern und Bischöfen geweiht worden sein und – nach einer gemeinsamen Weihnachtsfeier – seien alle drei kurz nach 53 hintereinander gestorben.

Die Reliquien der Heiligen Drei Könige sollen durch Kaiserin Helena († 330), Mutter des ersten christlichen römischen Kaisers Konstantin (um 280–337), aufgefunden worden sein. Sie gelangten nach Konstantinopel und wurden von dort durch Bischof Eustorgius I. im 4. Jahrhundert nach Mailand verbracht. Sie ruhten in einem großen römischen Sarkophag in San Eustorgio. Als Kaiser Friedrich Barbarossa 1162 Mailand eroberte und zerstörte, bemächtigte er sich auch der Reliquien der Stadt. Die Reliquien der Hl. Drei Könige überließ er seinem Kanzler, dem Kölner Erzbischof Rainald von Dassel (1159–1167), der sie am 23. Juli 1164 (Fest der Translation) feierlich in die Stadt Köln überführte. Hier wurde 1180–1225 durch den „Meister von Verdun" für die Reliquien ein kostbarer Reliquienschrein, der aus der Kombination von drei Schreinen bestehende „Dreikönigsschrein", angefertigt, der größte erhaltene des gesamten Mittelalters. Er wurde Anlass zum Bau der Kölner gotischen Kathedrale, für die

1248 der Grundstein gelegt wurde. Um 1200 trennte man bei den Reliquien die Häupter ohne Unterkiefer ab und stellte sie gekrönt auf einem so genannten Häupterbrett aus. 1904 wurde ein Teil der Reliquien vom Erzbistum Köln an Mailand zurückgegeben. Dort werden sie in einer Urne unter dem Altar von S. Eustrogio verehrt.

Die Hl. Drei Könige galten als Reichsheilige, waren den deutschen Königen und Kaisern Vorbild und Fürbitter, weshalb sie nach ihrer Krönung in Aachen nach Köln zogen, zum Gebet vor dem Dreikönigsschrein. Die „Realpräsenz" von königlichen Heiligen, die als erste Heiden Jesus Christus selbst in der Krippe gesehen und angebetet haben, darf für mittelalterliche Menschen nicht unterschätzt werden. Den Heiligen wurden starke Schutzkräfte zugesprochen: Sie helfen gegen Schicksalsschläge, sie wenden alles Böse von Mensch, Vieh und Haus. Die Bedeutung spiegelt sich bis heute in ihrem überaus kostbaren Reliquienschrein, in der für diesen Schrein gebauten Kathedrale, dem Kölner Dom, das „Nonplusultra" der Gotik, dem Wappen der Stadt Köln usw.

Der Dreikönigstag (auch: Groß-Neujahr genannt, weil der Termin zeitweise auch Jahresanfang war) galt als Perchtentag, an ihm enden die Rauhnächte (von „räuchern", denn Haus und Stall wurden mit Weihrauch ausgesegnet), die gefürchteten Nächte zwischen Weihnachten und Dreikönige; die Nacht vom 5. auf den 6. Januar ist die schlimmste und gefährlichste der Rauhnächte, die Obernacht. An diesem Tag wurde das – ursprünglich apotropäische – Türkreuz angebracht, das im Segenszeichen der Sternsinger (z. B. 20*C+M+B*14) aufging.

Die Heiligen Drei Könige waren natürlich auch Gegenstand der Weihnachtskrippe und des Krippenspiels. Als Letzteres aus dem Kirchenraum „auswanderte" (richtig hieße es: ausgewandert wurde) und in Puppentheatern (Hänneschen-Theater) heimisch wurde, gerierte Caspar zum Kasperle.

Auch für moderne Menschen haben die Drei Könige, die nie förmlich heiliggesprochen wurden, etwas zu sagen: Sie sind ein Vorbild für die irdische Pilgerschaft, für die Fähigkeit, vertrauensvoll dem Stern zu folgen, mit dem Gott den Weg weist; sie sind Vorbild (königlicher) Herrschaft, die die Relativität ihrer eigenen Macht erkennt und vor dem Kind in der Krippe das Knie beugt; sie sind schließlich Vorbild für die menschliche Vernunft, die in der Lage ist, auch den Ungläubigen zum Heil und zum Heiland zu führen – wenn er sich führen lässt.

Giovanni Bosco, der Seiltänzer für Gott

Rosanna, die Frau von Bürgermeister Bertini, ist in Eile. Sie ist spät dran und will ja nichts verpassen von dem Spektakel, das heute wieder auf dem Marktplatz von Becchi stattfindet. Zusammen mit ihr laufen viele andere Einwohner die Straße hinauf. „Dieser Giovanni, der Sohn der Witwe Margareta Bosco, das ist schon ein verrückter Kerl", flüstern sie sich zu. Normal ist der sicher nicht.

Aber toll ist es schon, was er alles kann, und das, obwohl er doch erst zwölf Jahre alt ist. „Ja", sagt Albano, der dicke Wirt vom Gasthaus Cavallo Bianco, „und dann geht er auch noch jeden Sonntag zweimal in die Kirche." Wirklich seltsam.

Als Rosanna und Albano am Marktplatz ankommen, hören sie schon die aufgeregten Rufe

der Zuschauer: „Ancora, Giovanni!" Mach es noch einmal, Giovanni. Rosanna drängt sich durch die Menschenmenge bis ganz nach vorn. Sie traut ihren Augen nicht: Zwischen den beiden Kastanienbäumen, die rechts und links vom Marktplatz stehen, ist ganz oben unterhalb der Baumkronen ein Seil über den Platz gespannt. Und auf dem steht Giovanni. Gerade macht er eine Kniebeuge. Plötzlich hüpft er auf dem Seil in die Höhe, was Rosanna noch mehr den Atem stocken lässt. Giovanni aber lacht fröhlich herunter, wirft seinen Filzhut in die Luft, fängt ihn mit dem Kopf wieder auf – und erreicht mit zwei Überschlägen die Krone des rechten Baumes. Tosender Applaus auf dem Marktplatz von Becchi.

„Mehr, mehr", rufen die Menschen zu Giovanni hinauf. Der lächelt und antwortet: „Ja, gern, aber erst bitte ich euch darum, mit mir zu beten."

Erstaunte Stille unten. Was hat Giovanni gesagt? Beten? Oben stimmt Giovanni tatsächlich ein Gebet an. Und man glaubt es kaum: Alle unten beten im Chor mit. Dann macht Giovanni das Kreuzzeichen, und bevor seine Zuschauer sich auch nur umschauen, steht er mitten unter ih-

Johannes (Don) Bosco
Gründer des Salesianerordens
Geboren: 16.8.1815
Gestorben: 31.1.1888
Gedenktag: 31. Januar
Patron der Kinder und Jugendlichen

nen auf dem Marktplatz. Er ist einfach vom Baum heruntergesprungen. In diesem Moment kommt der Hufschmied vorbei, an der einen Hand führt er den Schimmel vom Apotheker, den er frisch beschlagen hat, in der anderen Hand hat er die vier alten Hufeisen. Giovanni schnappt sich die Eisen mit einem Griff. Er verbiegt eines nach dem anderen mit den bloßen Händen und singt dabei auch noch ein lustiges Lied. Dann springt er mit einem Satz auf den Rücken des Pferdes, stellt sich freihändig auf und galoppiert in rasender Geschwindigkeit über den Marktplatz. Die Men-

WISSENSWERT

DER MEIST NUR „DON BOSCO" genannte Johannes Bosco wurde am 16. August 1815 als Giovanni Melchiorre Bosco in Becchi im Piemont geboren. Seine Eltern waren einfache Bauern. Der Vater starb, als Don Bosco zwei Jahre alt war.

Schon als Neunjähriger hatte Don Bosco den Wunsch, Priester zu werden. Dem stand entgegen, dass seine Mutter für diese Ausbildung kein Geld aufbringen konnte. So ging Don Bosco bei einem Schneider in die Lehre und arbeitete zusätzlich als Stallbursche, um seine Ausbildung zu finanzieren. Sein älterer Stiefbruder suchte dies mit allen Mitteln zu verhindern, damit Don Bosco als Knecht erhalten blieb. Aber die Mutter zahlte dem Stiefbruder die Erbschaft aus und fand auch die Möglichkeit, Don Bosco den Besuch eines Gymnasiums und des Priesterseminars zu ermöglichen.

Nach seiner Priesterweihe 1841 arbeitete Don Bosco für arme, benachteiligte und verwahrloste Jugendliche in Turin. 1846 entstand im Turiner Stadtteil Valdocco das „Oratorium des heiligen Franz von Sales", eine Gemeinschaft von Priestern. 1859 gründete er eine religiöse Vereinigung, die 1874 von Papst Pius IX. als „Gesellschaft des Heiligen Franz von Sales" (bekannt als „Salesianer Don Boscos") anerkannt wurde. 1872 begründete er mit der später seliggesprochenen Maria Mazzarello die Genossenschaft der „Töchter Mariens, Hilfe der Christen", die

„Mariahilfsschwestern" oder „Salesianerinnen Don Boscos" genannt werden und sich der Mädchenerziehung widmen. Bis zum Tod Don Boscos am 31. Januar 1888 in Turin hatte er 250 Häuser in Europa und Lateinamerika geschaffen, in denen seit 1846 rund 130.000 Jungen aufgenommen und etwa 18.000 Lehrlinge ausgebildet worden waren. 6.000 dieser Jungen entschieden sich bis 1888 für das Priestertum.

Die erzieherischen Erfolge Don Boscos beruhten auf seinem Einfühlungsvermögen und einer Erziehungsmethode, die Religion, Vernunft und Liebe harmonisierte. Es wird berichtet, Don Bosco habe während seines arbeitsreichen Lebens häufig übernatürliche Gnadenerweise erhalten. Er wurde im Turiner Stadtteil Valdocco in der Salesianerkirche, der Basilika Maria-Hilf, bestattet. 1929 sprach Papst Pius XI. Don Bosco selig, 1934 heilig.

HIMMELSWEGE ZEIGT MIR …

Ein ganz besonderer Heiliger …

Norbert Trelle,
Bischof von Hildesheim

… ist für mich der heilige Don Bosco. Er ist für mich ein gutes Beispiel für einen lebendigen und ansteckenden Glauben. Besonders gefällt mir, dass er einen Blick für die Armen und die Kleinen hatte. Zu seiner Zeit suchte er nach Wegen, gerade sie die befreiende Kraft der Frohen Botschaft erleben zu lassen. Mit seinem fröhlichen Geist zeigt er uns bis heute, dass das Christentum keine Religion für Schwarzseher ist. Die Kirche hat einen Gott der Freude zu verkünden.

schen bekommen vor Staunen den Mund nicht mehr zu. Und sie wissen auch schon, was jetzt gleich wieder kommen wird. Die Männer nehmen ihre Mützen ab, die Frauen falten die Hände. Giovanni gibt die Worte vor, und dann beten alle zusammen den Rosenkranz. Das Wunderbare dabei ist, dass sich alle wie eine große Familie fühlen, eine Familie, die eng verbunden mit Jesus Christus ist. Giovanni ist zwar noch ein Junge, aber was die Liebe zu Gott alles vermag, das weiß er schon ganz genau.

Aus Giovanni wird eines Tages der Priester Giovanni Bosco. Das war immer sein großer Traum, denn er hat schon lange einen Plan: In der Stadt will er sich als Pfarrer um die Jungen kümmern, die keine Eltern und kein Zuhause mehr haben. Seine Mutter Margareta findet das gar keine gute Idee, denn sie hatte die Hoffnung, dass Giovanni bei ihr in Becchi bleibt. Als Margareta dann bei

Fröhlich sein, Gutes tun und die Spatzen pfeifen lassen.

Don Bosco

einem Besuch in der Stadt aber sieht, mit welcher Begeisterung die verwahrlosten Burschen Giovanni folgen, wie er sie zum Glauben erzieht und für sie zum Vater wird, da zieht sie kurzerhand zu ihm und schafft mit ihm zusammen für die Jungen ein Zuhause.

Giovanni, der nun Don Bosco genannt wird, gewinnt das Vertrauen der Kinder, weil er wie ein Freund zu ihnen ist. Ja, und dann kann er natürlich immer noch seine Zaubertricks. Die wirken auch hier in der Stadt wahre Wunder. Das Tollste aber ist es für seine Jungen, wenn Giovanni jeden Samstag mit ihnen im Hof Fußball spielt. Die meisten Tore erzielt immer er, da hat sich nichts geändert. Und wenn sie danach zusammen beten, dann fühlen sie sich alle wie eine große Familie. So wie damals in Becchi unter dem Seil auf dem Marktplatz.

Vera Schauber und Michael Schindler

Ansgar und die Wikinger

Stell dir vor, du hättest in der Wikingerzeit gelebt, vielleicht in Hamburg. Dann hättest du sicher manche Nacht nicht ruhig geschlafen. Am Tag hättest du mit deinen Eltern oft auf die Elbe hinausgeschaut, jedes fremde Segel hätte dich total geängstigt. Denn deine Eltern und du, ihr würdet jeden Tag mit dem Schlimmsten und einer bösen Überraschung rechnen: einem Wikingerüberfall!

Die Wikinger kamen aus den heutigen Ländern Schweden, Dänemark und Norwegen und fuhren mit ihren wendigen Schiffen manchmal viele hundert Kilometer die Flüsse hinauf, raubten, mordeten und plünderten, was das Zeug hält. Bald beherrschten sie ganze Landstriche in Europa.

Im Jahr 845 erging es auch Ansgar, seinem Freund und Schüler Rimbert und den anderen Mönchen in der Stadt Hamburg so. Die Wikinger fielen auf grausame Weise ein. Es waren schlimme Stunden und Tage. Plötzlich und unerwartet waren Schiffe aufgetaucht und legten geradewegs am Strand an. Die Wikinger stürzten heraus, umzingelten die Siedlung und steckten die Stadt, die Kirche und das Kloster in Brand. Alle wertvollen Sachen wurden mitgenommen. Wer sich wehrte, wurde erschlagen. So kamen viele Menschen um. Andere wurden als Sklaven gefangen genommen.

Ansgar und seine Freunde hatten überlebt. Einigen war die Flucht gelungen. Rimbert war völlig verzweifelt. Doch Ansgar sprach ihm Mut zu. „Wir geben nicht auf", sagte er. Und er erinnerte sich, wie einmal alles begonnen hatte …

Ansgar lebte im frühen Mittelalter, in einer sehr gefährlichen und manchmal auch grausa-

Ansgar
Erzbischof von Hamburg und Bremen, Glaubensbote in Schweden und Dänemark
Geboren: um 801
Gestorben: 865
Gedenktag: 3. Februar
Patron von Skandinavien und dem Erzbistum Hamburg
Kennzeichen/Attribute: Kirchenmodell, Pelz

men Zeit. Er wurde im Jahr 801 geboren, in Corbie, einer Stadt im heutigen Land Frankreich. Er war der Sohn wohlhabender Eltern und wuchs behütet auf. Als Ansgar fünf Jahre alt war, starb seine Mutter. Sein Vater brachte ihn in ein Kloster zu den Benediktinern von Corbie. Dort lernte Ansgar lesen, schreiben und rechnen. Als Ansgar zwölf Jahre alt war, spürte er in sich den Wunsch, Mönch zu werden. Er machte seinen Traum wahr, wurde Mönch in Corbie und ließ sich zum Priester weihen. Sein Abt schickte ihn später in die Abtei Corvey an der Weser. Dort arbeitete Ansgar als Lehrer.

Eines Tages veränderte sich sein Leben schlagartig. Der dänische König Harald lag mit seinen Verwandten im Streit und war mit 400 Gefolgsleuten nach Deutschland geflohen, um bei Kaiser Ludwig um Hilfe zu bitten. Der gewährte sie ihm, und Harald fand zum christlichen Glauben. Harald bat den Kaiser: „Gebt mir einen Missionar mit nach Dänemark zurück." Ansgar, damals erst 25 Jahre alt, war sofort bereit. Und das wurde nun zu seiner Lebensaufgabe: Ansgar wurde der Apostel des Nordens!

Ansgar ging nach Dänemark. Doch König Harald scheiterte schon wieder. Damit endete auch Ansgars erster Missionierungsversuch, und die Wikinger vertrieben ihn. Er ging nach Deutschland zurück. Der Kaiser betraute ihn abermals mit einer Mission: Ansgar sollte nach Schweden gehen, in die Stadt Birka, in der Nähe der heutigen Stadt Stockholm. Kaiser Ludwig gab ihm vierzig wertvolle Bücher als Geschenk für den schwedischen König mit. So glaubte er, Ansgar den Start dort oben zu erleichtern. Aber das Schiff, auf dem Ansgar fuhr, wurde von gefährlichen Raubwikingern überfallen. Die Bücher konnten sie nicht gebrauchen und warfen sie einfach ins Meer, Ansgar gleich hinterher. Doch Ansgar konnte gut schwimmen. Ohne jeden Besitz rettete er sich an das schwedische Ufer und erreichte nach einer gefahrvollen Wanderung durch Schwedens Wälder die Königsstadt Birka. Unterwegs waren ihm Wölfe, Bären und Elche begegnet. Und Ansgar war fasziniert von der Schönheit der Landschaft! Angekommen in Birka, wurde er auch ohne Geschenke von König Björn aufgenommen.

In Birka baute Ansgar eine Kirche. Er erzählte den Wikingern von Gott und von Jesus Christus. Die Wikinger hatten bislang an viele Götter geglaubt. Sie verehrten vor allem Odin, fanden ihn aber auch ziemlich gruselig. Andere Götter hießen Thor, Freyr, Loki und Hel. Manche von ihnen waren sehr grausam. Ansgar sagte nun, dass es nur einen Gott gibt und dass es ein Gott der Liebe und Barmherzigkeit ist. Darüber wunderten sich die Wikinger. Manche hielten Ansgar für verrückt, andere ließen sich taufen.

Ansgar fühlte sich alles in allem ganz wohl in Birka. Doch im Jahr 831 rief ihn der Kaiser wieder nach Deutschland. Dort erhielt Ansgar einen neuen Auftrag: Er sollte in Hamburg ein Bistum gründen und von da aus Missionare in den Norden schicken. Er baute einen Dom und ein Kloster. Und er kümmerte sich um die Armen und Kranken. So wurde Ansgar der erste Bischof von Hamburg. Von Hamburg aus besuchte Ansgar die Dänen und die Schweden und auch Haithabu, die bekannteste Wikingerstadt der damaligen Zeit.

Ja, und da sind wir wieder am Anfang der Geschichte. Als die Wikinger die Stadt und das Kloster zerstört hatten, gab Ansgar nicht auf. Mit Rimbert und den anderen Mönchen, die überlebt hatten, ging er nun nach Bremen. Dort begann er noch einmal ganz von vorn. In Bremen errichtete Ansgar Spitäler, kaufte Gefangene frei, setzte sich für die Abschaffung des Sklavenhandels ein und nahm seine Missionstätigkeit wieder auf. Immer wieder reiste Ansgar zu den Wikingern. Als er am 3. Februar 865 in Bremen starb, war er 64 Jahre alt. „Apostel des Nordens" wird Ansgar zu Recht genannt. Für Däne-

mark, Schweden und Norddeutschland war und ist er der große Missionar, so wie es Bonifatius für die südlicheren Stämme Deutschlands war.

Warum gibt es heute eigentlich keine Wikinger mehr? Ausgestorben sind sie ja eigentlich nicht wirklich. Ihre Nachfahren leben heute noch in Schweden, Dänemark, Norwegen, Island, Deutschland, Russland und vielen anderen Ländern. Aber das sind keine „richtigen" Wikinger mehr! Ein wichtiger Grund für ihr Verschwinden liegt in der Ausbreitung des Christentums durch Männer wie Ansgar. Typische Wikinger gingen auf Raubfahrt, setzten ihre Kinder aus, versklavten ihre Gefangenen und glaubten an Odin und das Recht des Stärkeren. Zum neuen Glauben an den Gott der Liebe, der Verzeihung und der Armen passte all das nicht mehr. Gott sei Dank. Und so gerieten allmählich auch die vielen Wikinger-Götter in Vergessenheit.

Matthias Micheel

WIR BASTELN EIN WIKINGERSCHIFF

MACH MIT!

DU BRAUCHST

Kopiervorlage Wikinger, 1 Marmeladenglas (Ø 7,5 cm), Bindfaden, eine Kugelschreiberfeder, 1 Schaschlikspieß, Moosgummi in verschiedenen Farben, 6 Musterbeutelklammern und 3 Gummis

DAS SCHIFF

1 Zuerst überträgst du die Vorlage des Schiffes und der Galionsfigur zweimal auf Moosgummi. Jetzt schneidest du alles aus. Damit es auch wirklich wie ein Schiff aussieht, malst du die Holzplanken auf die einzelnen Moosgummiteile.

2 Jetzt kannst du das Schiff zusammenbauen. Dafür brauchst du den Bindfaden. An den vorgegebenen Stellen bohrst du ein Loch und bindest die Schiffsteile zusammen, am besten mit einem dicken Knoten.

3 An der Vorderseite wird zusätzlich die Galionsfigur festgebunden und die Enden zusammengeklebt. Jetzt fehlen noch die Schutzschilder. Dafür schneidest du 6-mal die Vorlage aus und bemalst sie so, wie es dir am besten gefällt. Jetzt werden die Schilder mit den Musterbeutelklammern am Schiff befestigt.

4 Ein richtiges Wikingerschiff hat natürlich auch ein großes Segel. Das schneidest du aus Moosgummi aus und bohrst an zwei Enden ein Loch. Hier steckst du den Schaschlikspieß durch. Um das Segel am Glas zu befestigen, stülpst du am oberen und unteren Ende des Glases ein Gummi darüber und klemmst den Schaschlikspieß fest. In das Schiff steckst du nun das Glas.

DER KLEINE WIKINGER

5 Aus verschiedenen Moosgummifarben schneidest du die Teile des kleinen Wikingers so oft aus wie vorgegeben und klebst die einzelnen Teile zusammen. Dazwischen klebst du die Kugelschreiberfeder.

6 Damit der Wikinger lustig auf dem Segelmast tanzen kann, musst du einen Gummi oben um den Mast binden. Dadurch rutscht die Feder nicht ganz herunter. Jetzt setzt du den kleinen Wikinger auf. Fertig! Deine Zahnbürste hat nun einen neuen Platz im Glas.

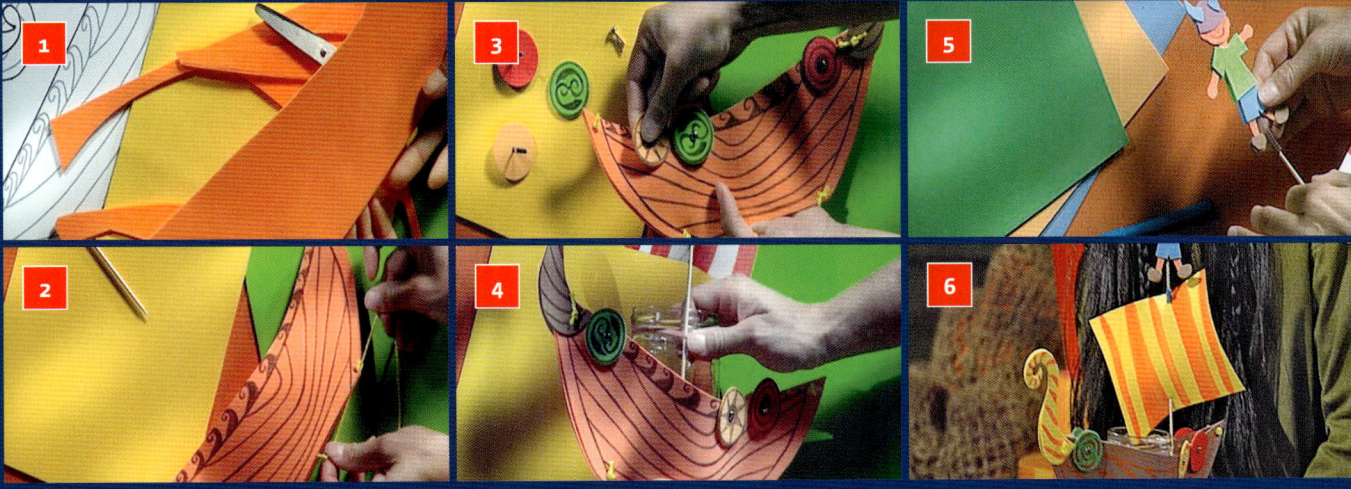

→ Kopiervorlage Seite 146

Blasius von Sebaste

Was machst du, wenn du Halsschmerzen hast? Vermutlich gehst du zum Arzt. Der verschreibt dir dann eine Medizin, die du einige Tage nehmen musst, um wieder gesund zu werden. Und was machst du, um erst gar keine Halsschmerzen zu bekommen?

In der katholischen Kirche gibt es einen Segen, der dich davor bewahren soll. Dieser Segen heißt Blasiussegen. Namensgeber ist der heilige Blasius, ein Arzt und Bischof. Aber der Reihe nach …

Der heilige Blasius lebte vor langer Zeit in der Stadt Sebaste (heute Sivas in der Türkei), die damals zum römischen Reich gehörte. Die Legende erzählt uns, dass er zunächst Arzt war und sich um alle Menschen kümmerte – egal, ob sie reich waren oder arm, ob adlig oder Sklave, ob Christ oder Nichtchrist. Deswegen war er in Sebaste so beliebt, dass er zum Bischof der Stadt gewählt wurde.

Damals konnten die Christen ihre Religion nicht öffentlich bekennen. Die Römer forderten nämlich, dass alle Menschen in ihrem Reich den römischen Göttern opfern sollten. Wer das nicht machte, der wurde verfolgt, ins Gefängnis geworfen und oft sogar umgebracht. Deswegen floh Blasius, als wieder eine Christenverfolgung

ausgebrochen war, ins Gebirge. Dort lebte er in einer Höhle und heilte die kranken Tiere, die zu ihm kamen. Dafür bedankten sich die Tiere auf ihre Weise: Löwen, Bären und Tiger bewachten die Höhle und sorgten dafür, dass niemand sich in die Nähe traute, und Vögel brachten Blasius sein Essen. Aber eines Tages wurde Blasius doch gefunden. Soldaten brachten ihn zum Statthalter. Der forderte Blasius auf, die Götterbilder der Römer anzubeten. Als Blasius das ablehnte, ließ der Statthalter ihn ins Gefängnis bringen.

Eines Tages kam eine Frau zu Blasius ins Gefängnis. Auf den Armen trug sie ihren Sohn. Er hatte eine Fischgräte verschluckt, die ihm im Hals stecken geblieben war. Jetzt bekam er kaum noch Luft und drohte zu ersticken. Die Frau flehte Blasius an: „Hilf meinem Sohn! Du bist doch so ein guter Arzt und Bischof. Mach, dass mein Sohn nicht sterben muss!" Blasius sagte zu der Mutter: „Ich will zu

**Der gute Gott behüte dich.
Er schenke dir Gesundheit
und beschütze dich
vor Gefahren.**

Blasius

**Bischof von Sebaste,
Märtyrer, Nothelfer**

Geboren: unbekannt

Gestorben: um 316

Gedenktag: 3. Februar

**Patron der Hals-Nasen-Ohren-Ärzte,
Blasmusikanten, Schneider, Schuhmacher,
Bäcker, Müller, Maurer, Nachtwächter,
Haustiere, Pferde**

**Kennzeichen/Attribute: Kamm, Kerze,
Schwein, Nothelfer**

Gott beten, dass er deinem Sohn hilft." Und tatsächlich: Kaum hatte Blasius sein Gebet beendet, hustete der Junge heftig und spuckte die Gräte wieder aus. Seine Mutter war überglücklich und wollte sich bei Blasius bedanken. Der aber sagte: „Bedank dich nicht bei mir. Bedank dich bei Gott, denn er hat deinem Sohn geholfen."

Wie viele andere Christen auch, wurde Blasius wegen seines Glaubens schließlich getötet, etwa im Jahr 316. Vor seinem Tod bat er Gott darum, alle, die an Halskrankheiten leiden und dann Blasius anrufen, zu erhören. Diese Bitte gewährte Gott ihm. Deswegen – und wegen der Erzählung um den Jungen, der die Fischgräte verschluckt hatte – gilt der heilige Blasius als Fürsprecher bei allen Arten von Erkrankungen im Hals. Außerdem ist er einer der Vierzehn Nothelfer, einer Gruppe von Heiligen, deren Fürsprache in besonders schwierigen und gefährlichen Situationen angerufen werden kann. Sein Gedenktag ist der 3. Februar.

Und was ist nun mit dem Blasiussegen? Er geht auf die Geschichte der Heilung des Jungen mit

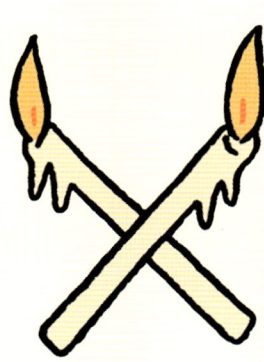

der Fischgräte zurück. Am Ende des Gottesdienstes hält der Priester jedem, der den Segen empfangen möchte, zwei gekreuzte Kerzen – ein Symbol, mit dem der heilige Blasius oft dargestellt wird – vor den Hals und bittet Gott, diesen Menschen auf die Fürsprache des heiligen Blasius vor Halskrankheiten und allem Übel zu schützen. Dieser Segen ist keine Zauberei. Er zeigt uns: Gott will Heil und Heilung für uns und für alle Menschen, und zwar an Leib und Seele. Deshalb dürfen wir in allen Lebenslagen auf seinen Beistand vertrauen – auch bei so etwas Alltäglichem wie Halsschmerzen.

Niklas Wagner

Das Schweißtuch der Veronika

Pilatus ist feige. Eigentlich findet er an Jesus kein Unrecht. Aber das Volk draußen vor seinem Palast ist aufgebracht. Es fordert: „Kreuzige Jesus!" Pilatus fürchtet sich vor den Leuten. Also verurteilt er Jesus zum Tode.

Jesus muss das schwere Holzkreuz auf seine Schultern nehmen und selbst zur Hinrichtungsstätte hinauftragen. Er ist erschöpft. Die ganze Nacht hat man ihn nicht schlafen lassen. Er wurde verhört. Er wurde ausgepeitscht. Die Soldaten haben sich über ihn lustig gemacht und ihm eine Krone aus Dornen auf den Kopf gesetzt. Blut rinnt über sein Gesicht.

Jesus kann nicht mehr und fällt unter der Last des Kreuzes zu Boden. Ein Soldat reißt ihn wieder hoch. Jesus muss weitergehen. Er schwitzt und keucht. Am Straßenrand gaffen ihn die Leute an. Viele lachen höhnisch: „Das hast du nun davon! Tust so, als wärst du der Sohn Gottes persönlich!" Wenn Jesus kurz stehen bleibt, um Atem zu schöpfen, treibt ihn der Soldat wieder voran.

Ein paar Frauen stehen am Weg. Sie lachen nicht; sie sind Freunde von Jesus und gehören zum Kreis seiner Jünger. Sie sehen Jesus voller Mitleid an und weinen. Veronika ist eine von ihnen. Sie ist mutig. Sie geht auf Jesus zu. Der Soldat will sie davon abhalten. „Weg da!", schnauzt er sie an. Doch Veronika bittet sanft: „Lass mich. Nur ganz kurz. Bitte."

Jesus bleibt stehen, das Kreuz rutscht von seinen Schultern herunter. Veronika lächelt. Sie reicht ihm ein weißes Tuch. Jesus hält es mit beiden Händen vor sein Gesicht und trocknet den Schweiß damit. Doch nur einen kurzen Augenblick dauert dieser Moment, in dem ein Mensch gut zu Jesus sein darf. Dann stößt der Soldat Veronika von der Straße und herrscht Jesus an: „Weiter jetzt!" Jesus reicht Veronika das Tuch; seine Augen sagen ohne Worte: Danke. Dann schultert er wieder das Kreuz und geht langsam weiter, von den Soldaten mit Schlägen angetrieben. Eine grölende Menge folgt ihm.

Veronika sieht ihnen traurig nach. Als sie das Tuch auseinanderfaltet, sieht sie das Angesicht Jesu abgebildet. Es ist für alle Zeiten darin eingeprägt.

Georg Schwikart

Veronika
Jüngerin Jesu

Geboren: unbekannt

Gestorben: um 70

Gedenktag: 4. Februar

Patronin der Wäscherinnen, Leinenweber, Pfarrhaushälterinnen und Fotografen

Kennzeichen/Attribut: Schweißtuch

**Guter Gott, gib auch uns
wie Veronika offene Augen,
helfende Hände und ein weites Herz
für die Not der Menschen.
Amen.**

AM 4. FEBRUAR GEDENKT die Kirche der heiligen Veronika, die der Legende nach Jesus auf seinem Kreuzweg ihr Schweißtuch reichte, auf dem sich anschließend das Abbild des Gemarterten befand. In der Bibel wird Veronika nicht erwähnt. Ihre Legende, seit dem 4. Jh. bekannt, verbreitete sich besonders im Spätmittelalter, angeregt durch Passionsspiele und künstlerische Darstellungen. Vor allem die Darstellung im Rahmen des Kreuzweges, die sechste Station, steht unter dem Thema: „Veronika reicht Jesus das Schweißtuch", kam jedem Christen zu Bewusstsein.

Nicht wenige Forscher zweifeln heute daran, dass es eine hl. Veronika real gegeben hat. Sie halten Veronika für eine Personifizierung des Wissens um eine alte Abbildung des Hauptes Jesu. Dafür spricht der Name „Veronika", der sich lateinisch als „vera ikona", „(Christi) wahres Bild", deuten lässt. Nicht nur das Turiner Grabtuch war nachweislich

jahrhundertelang so gefaltet, dass man nur das abgebildete Haupt erkennen konnte. In einen Rahmen gefügt, war dieses Bild in Konstantinopel ausgestellt und prägte seither die typische künstlerische Jesusdarstellung. Neben dem Turiner Grabtuch gibt es mehrere andere Tücher mit einer Abbildung eines Gesichtes, das fast deckungsgleich mit dem auf dem Turiner Grabtuch ist: Das „wahre Antlitz Jesu" auf Muschelseide in Manoppello, das Papst Benedikt XVI. im Jahr 2006 besuchte und verehrte, ist eines davon. Möglicherweise ist es die Reliquie, die über Jahrhunderte im Vatikan gehütet wurde und dann verloren ging.

Die das Schweißtuch reichende Veronika belebt bis heute die Frömmigkeit: Eine Frau widersetzt sich den Römern durch eine mildtätige Handlung. Sie wird dadurch belohnt, dass sich ihr Christus unauslöschlich einprägt. Glaube wird als Nächstenliebe in glaubensfeindlicher Umwelt konkret. Veronika steht

für eine Frau in frauenfeindlicher Zeit, die sich auch durch Lebensgefahr davon abhalten lässt, menschlich zu sein. Alles, was sie kann, tut sie für Christus. Sie verschafft ihm Linderung und zeigt Zuwendung. Das allein ist ein Programm. Das zeitlose Gesicht des Leidenden erinnert an diese christliche Grundpflicht.

In Frankreich existiert die Legende, die hl. Veronika sei 70 n. Chr. in Soulac gestorben. Ihre Reliquien werden in der Kirche St.-Seurin/Bordeaux verehrt.

Ein Zimmermann aus Nazaret

Am 19. März feiern wir das Fest des heiligen Josef. Es ist nicht viel, was wir über den Pflegevater Jesu wissen. Josef war Zimmermann und kam aus Nazaret. Er stammte aus dem Geschlechte Davids. David war wohl Israels größter König. Er lebte etwa tausend Jahre vor der Geburt Jesu.

Die Bibel sagt, dass Josef ein guter und frommer Mensch war. Er tat gewissenhaft seine Arbeit. Liebevoll kümmerte er sich um Maria und Jesus und sorgte für sie. Das fing schon an, als Jesus noch nicht auf der Welt war. Josef musste mit Maria nach Betlehem gehen. Dort wurden alle Leute gezählt, die mit dem König David verwandt waren. Josef half Maria, dass sie die lange Reise gut überstehen konnte. Als sie dann in Betlehem waren, gebar Maria das Jesuskind. Wir können uns vorstellen, in welcher Sorge Josef war! Maria und das Kind sollten ein gutes Lager haben und nicht frieren müssen! Nach einiger Zeit musste sich Josef wieder um die beiden sorgen. Ein Engel erschien ihm im Traum und sagte: „Steh auf, nimm das Kind und seine Mutter und flieh nach Ägypten, denn der König Herodes will es töten!" Sofort stand Josef auf. Es war mitten in der Nacht. In aller Eile sattelte er den Esel, wickelte Maria und Jesus in warme Decken ein und ritt mit ihnen in das fremde Land. Dort blieben die drei eine Zeit lang. Als Herodes gestorben war, sagte der Engel zu Josef, er solle wieder nach Nazaret zurückgehen. Josef tat dies schweigend und gehorsam. Er arbeitete hier in seiner Zimmermannswerkstatt und sorgte für seine Familie. Alles, was der heilige Josef tat, tat er selbstverständlich, ohne Murren, mit großer Ehrfurcht und Liebe. Sicher war die Arbeit manchmal hart und schwer, aber er wusste, für wen er es tat: für Gott, der ihn als irdischen Vater für seinen Sohn ausgewählt hatte.

Reinhard Abeln

Josef von Nazaret

Nährvater Jesu, Bräutigam der Gottesmutter Maria

Geboren: unbekannt

Gestorben: um 16

Gedenktag: 19. März

Patron der ganzen katholischen Kirche, des Erzbistums Köln und des Bistums Osnabrück und der Steiermark, von Kärnten und Tirol, aller Werktätigen, Familien, Kinder, Jugendlichen, Sterbenden

Kennzeichen/Attribute: Jesuskind, Lilie, Stab, Winkelmaß

HIMMELSWEGE ZEIGT MIR …

Mein Lieblingsheiliger …

Fürstin Gloria
von Thurn und Taxis

„… ist der heilige Josef. Er ist derjenige, der sich schützend vor Maria und das Jesuskind stellt. Mit seiner Fürsorge, seinem Instinkt, Gefahren rechtzeitig zu erkennen, und seiner Klugheit zu handeln, ist er der Beschützer schlechthin.
Denken wir nur an Marias Niederkunft oder an die Flucht vor dem grausamen Herodes nach Ägypten. Durch sein umsichtiges Handeln hat er unzählige Male jegliche Gefahr von Maria und dem Christuskind abgehalten. So ist er letztlich der Hüter aller Familien und damit auch der Kirche im Ganzen. Er ist auch der Patron der Sterbenden. Um eine gute Sterbestunde sollte man ihn immer wieder bitten.

Wie Ritter Georg den furchtbaren Drachen bezwang

Vor langer, langer Zeit lebte vor den Toren der prächtigen Stadt Silena ein riesiger, grausamer Drache. Das gefräßige Ungeheuer hauste in einem See, direkt draußen vor der Stadt. Mit seinem giftigen Atem verpestete der Drache die Luft, und wenn er nachts brüllte, gefror den Einwohnern vor Angst das Blut in den Adern.

Der König von Silena hatte beschlossen, dass dem Drachen täglich zwei Lämmer gebracht werden sollten, damit er die Menschen in Frieden ließe. Der Drache verschlang die Tiere gierig.

Eines Tages jedoch hatte er alle Lämmer aufgefressen; man opferte ihm Schafe, Ziegen und Schweine. Aber irgendwann war nicht einmal mehr ein Hund aufzutreiben. Nun fürchteten die Leute, der Drache, der nachts lauter und schrecklicher brüllte als je zuvor, könnte in die Stadt eindringen und sie verschlingen.

Deswegen bestimmte der König: „An jedem Tag soll ausgelost werden, wer von den Einwohnern dem Drachen geopfert wird!" Große Aufregung herrschte in der Stadt, aber jeder sah ein, dass es die beste und gerechteste Lösung war.

Doch da fiel das Los ausgerechnet auf die Tochter des Königs! Der König war untröstlich und bot seiner Tochter an, selbst zu gehen. Aber die sprach: „Nein, Vater, so ist es gerecht. Ich gehe zum See, damit der Drache unsere Stadt verschont."

Es gab einen tränenreichen Abschied, und die Prinzessin ging hinab zum See. Der Drache wartete schon, ganz ungeduldig vor Hunger, fauchte fürchterlich und wollte sich gerade über das Mädchen hermachen – da tauchte plötzlich der Ritter Georg zu Pferde auf!

Ohne lange nachzudenken, schwang er seine Lanze, galoppierte auf den Drachen zu und stach mutig in seine Seite. Dem Drachen war plötzlich alle Kraft genommen und er stürzte zu Boden; noch aber lebte er. Doch statt Feuer zu speien, schnaubte er nur noch ganz kläglich kleine Flämmchen.

Der Ritter nahm die Prinzessin mit auf sein Pferd, und als die beiden durch das Stadttor ritten, wurden sie jubelnd vom König und dem ganzen Volk empfangen.

Am Gürtel der Prinzessin zogen sie den Drachen hinter sich her, mitten hinein in die Stadt. Da verstummte der Jubel, denn das Volk fürchtete sich sehr vor dem Ungeheuer.

„Habt keine Furcht", sagte der Ritter zu den ängstlichen Leuten. „Gott hat mich zu euch ge-

Georg

Märtyrer, Nothelfer

Geboren: unbekannt

Gestorben: um 303

Gedenktag: 23. April

Patron des Bistums Limburg, der Soldaten, Bauern, Bergleute, Pfadfinder

Kennzeichen/Attribute: Drache, Fahne, Pferd, Ritter, Palmwedel

sandt, damit ich euch von diesem bösen Drachen befreie. Nehmt nur Jesus Christus an als euren Herrn und lasst euch taufen. Den Drachen werde ich schon töten!" Und an diesem Tag wurden zwanzigtausend Menschen getauft, allen voran der König. Georg tötete den Drachen mit seinem Schwert. Der König wollte ihn zur Belohnung mit Schätzen reich beschenken, aber Georg ließ das Gold unter die Armen der Stadt verteilen.

Georg Schwikart

WISSENSWERT

DER HEILIGE GEORG, vielleicht im 3. Jahrhundert in Kappadokien (heute: Türkei) geboren, soll ein Märtyrer gewesen sein, der zu Anfang der Christenverfolgungen unter Kaiser Diokletian (284–305) an einem 23. April um 303 eventuell in Lydda/Palästina oder in Nikomedia nach grausamer Marter starb. Im 4. Jahrhundert entsteht am vermeintlichen Grab in Diospolis, dem früheren Lydda und heutigen Lod bei Tel Aviv, ein Zentrum der Georgsverehrung. Historisch sichere Angaben gibt es über diesen Heiligen nicht. Georg wurde einer der beliebtesten christlichen Heiligen, in der Ostkirche gilt er als Großmärtyrer und Erzmärtyrer.

Im Zusammenhang mit dem heiligen Georg ist die Legende von der Drachentötung am bekanntesten. Allerdings kommt diese Erzählung erst achthundert Jahre nach der Märtyrerlegende Georgs in

der Zeit der Kreuzzüge in Verbindung mit Georg. Das Warum ist nicht geklärt.

Weil es keine sicheren Angaben zu diesem Heiligen gibt, ließ ihn Paul VI. 1969 aus dem kirchlichen Kalender streichen. Seit 1975 befindet er sich aber wieder im Generalkalender.

Mit Georg verbunden sind zwei unterschiedliche Legendenkränze, die nichts miteinander verbindet, außer dem Mut des Märtyrers. Der älteste, knappe Bericht mit Todesdatum findet sich bei dem Kirchenvater Eusebius († 339). Danach entwickeln sich verschiedene Legenden, die einen gemeinsamen Kern haben: Georg überwindet seine grausame Folter durch seine Glaubensstärke. Bei diesen Erzählungen variieren Orte und Termine. Zusätzliche Elemente sind: das christliche Armutsideal (Ritter Georg verschenkt sein Hab und Gut) und die Zerstörung heidnischer Götzenbilder.

Während der Kreuzzüge wurde das Motiv der Drachentötung (Offb 12,7–9) vom Erzengel Michael auf Georg übertragen – rund 800 Jahre nach dem Aufkommen der Märtyrerlegende. Die Tötung eines Drachens wurde nun der Märtyrerlegende, die ja mit dem Tod Georgs endet, vorangestellt. Während bei Michael der Drache das Bild für Satan ist und der Sieg über den Drachen für den Himmelssturz des gefallenen Engels Luzifer steht, ist der Drache in Georgslegende zwar auch die Personifikation des Bösen. Der Drache fordert aber von der Bevölkerung regelmäßig Menschenopfer. Georg rettet die jungfräuliche Königstochter vor dem Drachen, indem er diesen tötet. Das Land ist von der tödlichen Bedrohung (durch das Böse) befreit, Georg rät zur Taufe, die ja das Leben nach dem Tod verheißt. Gegenüber vergleichbaren Rittermärchen endet die Drachentötung nicht mit der Heirat des Helden und der edlen Jungfrau; die Taufe der Bevölkerung ist Erzählziel.

Um diese beiden Legenden herum entstehen weitere Varianten, in denen die Zahl der Zeugen wächst oder erzählt wird, wie man auch nach dem Tod Georgs Drachen mit Georgsreliquien besiegen kann. Entscheidend für die weitere Ausbreitung des

Georgskultes war die Einnahme Jerusalems durch das Heer der Kreuzfahrer (15. Juli 1099). Georg nimmt als weißer Ritter an den Kämpfen teil und befördert die Eroberung. Der „weiße Ritter" steht für das Gute, Gottgewollte und wird deshalb mit der Farbe der Reinheit ausgezeichnet – so wie Heilige meist auch auf einem (symbolisch) weißen Pferd reiten, vgl. St. Martin. Die äußere Erscheinung steht für die innere Haltung.

Der Kult des hl. Georg breitet sich vom Osten nach Westen aus. Im 6. Jahrhundert ist er zur Zeit der Merowinger bereits populär. Seine Verehrung steigert sich, als er – wie zuvor nur Michael – in die Rolle des miles Christi (Soldat Christi) gerät. Als Identifikationsfigur der Soldaten, Ritter und des Adels gelangt er mit der Eroberung Jerusalems auf den Gipfel seiner Popularität. Er wird zum Leitbild von dreizehn Ritterorden, wird Patron von zahlreichen Regionen, Ländern und Städten. Georgien nimmt sogar den Namen des Heiligen an, in Deutschland entsteht St. Georgen. Georg wird der Vornehmste unter den 14 Nothelfern. Der Habsburger Kaiser Maximilian I. (1459–1519), der das Attribut „der letzte Ritter" trägt, lässt St. Georg in seinen Stammbaum eintragen und ernennt den Heiligen zum Schutzherrn seiner Familie. Begraben wird der Kaiser natürlich in der St. Georgenkirche in der Wiener Neustadt. Das Symbol Georgs, das Georgskreuz, ein rotes Kreuz auf weißem Grund, wird in viele Wappen und Flaggen übernommen – Malteser und Johanniter z. B. führen es bis heute. Weitere ikonografische Merkmale sind der Drache, eine Lanze, seine Darstellung als Reiter oder Ritter, teilweise ein Palmwedel als Siegeszeichen.

Reliquien des heiligen Georg werden an verschiedenen Orten verehrt. In Toulouse wird behauptet, sein vollständiger Körper werde dort aufbewahrt. Armreliquien gibt es in verschiedensten Kirchen. In Ferrara soll zuerst der Schädel verehrt worden sein, der sich seit dem 8. Jahrhundert in Rom befindet. Teile des Schädels werden im Georgskloster auf der Reichenau verehrt.

HIMMELSWEGE ZEIGT MIR …

Ein ganz besonderer Heiliger …

… ist für mich Sankt Georg, weil er den Kampf gegen den Drachen wagte. Solche Drachen mag es nicht mehr geben, andere ganz sicher, vor allem in uns. Diesen Kampf immer neu aufzunehmen, ist das Vermächtnis Georgs.

Kai Diekmann,
BILD-Chefredakteur

Der Evangelist Markus

Ich bin der Evangelist Markus. Ich habe die Geschichten von Jesus aufgeschrieben, die im Neuen Testament der Bibel stehen. Diese Geschichten heißen auch „Evangelium".

Das Wort „Evangelium" stammt aus dem Griechischen. Dort heißt es „eu-angelion" – was mit „frohe und gute Botschaft" übersetzt wird. Jesus selbst hat kein Buch geschrieben. Er hat zu den Menschen gesprochen und ihnen gezeigt: Gott ist euer guter Vater, er liebt jeden Menschen.

Auch die Evangelisten Matthäus, Lukas und Johannes haben einige Zeit nach mir aufgeschrieben, was Jesus gesagt und getan hat. Ich bin also einer der so genannten vier „Evangelisten". Und damit sich die Menschen meinen Namen besser merken konnten, haben sie ihn mit einem Bild verbunden: mit dem Symbol des Löwen. Denn meine frohe Botschaft von Jesus beginnt mit der Predigt des Propheten Johannes. Er hat mit großen und gewaltigen Worten, mit der kräftigen Stimme eines Löwen, den Menschen gesagt: „Macht euch bereit! Jesus kommt zu den Menschen!" Zugleich beginnt mit Jesus eine neue Zeit, in der der Löwe friedlich neben dem Lamm liegt.

Markus
Apostel, Evangelist

Geboren: unbekannt

Gestorben: um 68

Gedenktag: 25. April

Patron von Venedig, Patron der Glaser, Maurer, Bauarbeiter

Kennzeichen/Attribute: Löwe, Schreibfeder, Tintenfass

Die Zeit ist erfüllt, das Reich Gottes ist nahe. Kehrt um und glaubt an das Evangelium!

Markus 1,15

DER EVANGELIST MARKUS war ein Jude griechischer Abstammung aus Jerusalem, der sich später unter dem Einfluss von dem Jünger und Apostel Petrus zum christlichen Glauben bekannte. Zur Zeit der Christenverfolgung trafen sich die Christen im Haus seiner Mutter Maria, wo auch das letzte Abendmahl Jesu stattgefunden haben soll. Besonders Petrus war ein großes Vorbild für Markus, er begleitete ihn und übersetzte für ihn auf seinen Missionsreisen. Die Predigten des Petrus waren die Grundlage für das Evangelium des Markus, das er in Rom schrieb. Zum Schreiben des Evangeliums wurde er von dem Apostel Paulus ermutigt, den er während seiner ersten Gefangenschaft in Rom wiedertraf. Einige Zeit später gründete Markus im Jahr 65 n. Chr.

WUSSTEST DU ... ??

in Alexandria die Koptische Kirche (altorientalische Kirche in Ägypten) und wurde dort Bischof. Über seinen Tod ca. 67 n. Chr. existieren mehrere Erzählungen. Einer Erzählung zufolge wurde er von aufgebrachten Einwohnern Alexandrias getötet, doch statt seinen Körper zu verbrennen, ließen sie ihn wegen eines Unwetters liegen. Daraufhin wurde Markus von den Christen beerdigt. Das besondere Erkennungsmerkmal von Markus ist, dass er schreibend mit einem Löwen dargestellt wird. Er ist der Stadtpatron von Venedig, wo ihm auch der berühmte Dom geweiht ist. Der Gedenktag des Evangelisten Markus ist der 25. April.

Gottes heiliger Narr

Einmal war Philippo beim Papst zu Besuch. Da hörte er, wie ihm ein Priester von einer Nonne erzählte. „Sie müsste heiliggesprochen werden", sagte der Priester. „Es gibt wohl keine andere Ordensfrau, die so fromm ist wie sie."
Der Papst wandte sich an Philippo: „Ich erteile dir den Auftrag, die Wahrheit dieser Behauptung zu untersuchen."

Das Kloster, in dem die Nonne wohnte, lag außerhalb Roms. Philippo machte sich unverzüglich auf den Weg. Zuerst ließ er sich bei der Äbtissin melden. Auch sie konnte kaum genug tun, die Frömmigkeit ihrer Glaubensschwester zu rühmen.

Nun bat Philippo, der Nonne persönlich vorgestellt zu werden. Die Äbtissin dachte, Philippo wolle sich mit der Frau über göttliche Dinge unterhalten. Aber als sie mit gefalteten Händen ins Zimmer trat, streckte er ihr seine schmutzigen Stiefel entgegen.

„Bitte", sagte er, „zieh mir die Stiefel aus."

Die Nonne wurde rot vor Zorn.

„Was stellst du dir eigentlich vor?", sagte sie empört. „Ich bin die Braut von Jesus Christus."

„Ich verstehe", sagte Philippo gelassen.

Er erhob sich und ritt auf seinem Esel in die Stadt zurück. Der Papst war erstaunt, Philippo so schnell wiederzusehen. „Was hast du mir zu berichten?", fragte er neugierig.

Philippo lachte. „Die himmlische Braut ist eine

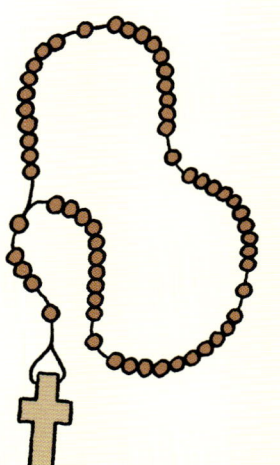

fromme Ziege", sagte er, „nichts anderes."

„Warum?", wollte der Papst wissen.

„Zu einer Heiligen fehlt ihr das Wichtigste."

„Und was ist das?"

„Demut."

Eines Tages kam ein vornehmer Prinz zu Philippo und wollte in seine Bruderschaft zur Pflege der Pilger und Kranken aufgenommen werden. Philippo willigte ein, aber er spürte bald, dass der Wunsch des Prinzen nur eine Laune war. Nach einigen Monaten bat der Prinz, das Ordenskleid tragen zu dürfen.

„Gern", sagte Philippo, aber zuerst musst du eine Prüfung bestehen."

„Und was soll das für eine Prüfung sein?", fragte der Prinz.

Philippo holte einen Fuchsschwanz und band ihn dem Jungen hinten an den Rock. „Damit sollst du mit ernstem Gesicht durch die Straßen Roms spazieren", sagte er.

„Was denkst du dir eigentlich?", sagte der Prinz entrüstet. „Du solltest froh sein, einen echten Prinzen unter deinen Brüdern zu haben. Ich habe

Philipp(us) Neri

Ordensgründer

Geboren: 21.7.1515

Gestorben: 26.5.1595

Gedenktag: 26. Mai

Patron von Rom, Patron der Humoristen

Kennzeichen/Attribute: Herz, Rosenkranz, Stab

Heiterer Sinn stärkt das Herz und macht uns beharrlich im Guten.

Philipp Neri

mich gemeldet, um geehrt zu werden, und nicht, um mich vor den Leuten lächerlich zu machen."

„Dann bist du für uns nicht der Richtige", lächelte Philippo. Wir haben uns nicht zusammengetan, um geehrt zu werden, sondern um der Ehre im Dienste unserer armen Brüder zu entsagen." Darauf nahm der Prinz seinen Abschied und ließ sich nie wieder sehen.

Max Bolliger

PHILIPP NERI, GEBOREN AM 21. JULI 1515 zu Florenz, wurde schon in seiner Jugend durch die Schriften Savonarolas sehr beeinflusst. Als Hauslehrer in Rom führte er sechzehn Jahre lang ein Leben des Gebetes und der Nächstenliebe. 1548 gründete er eine Dreifaltigkeitsbruderschaft zur Betreuung armer und kranker Rompilger. 1551 zum Priester geweiht, schloss er sich einer Priestergemeinschaft bei der Kirche S. Girolamo della Carità an, aus der seit 1552 die Vereinigung der Oratorianer entstand. Philipps Anliegen, die religiöse Erneuerung Roms, versuchte er durch seine Seelsorgemethoden zu verwirklichen. Er förderte die Kinderpredigt, geistliche Lieder in der Volkssprache, Wallfahrten und geistliche Übungen. Seine entwaffnende Freundlichkeit und sein liebenswürdiger Humor erwarben ihm in allen Volksschichten Vertrauen. Zu seinem Freundeskreis gehörten Ignatius von Loyola, Karl Borromäus, Kamillus von Lellis, Franz von Sales sowie Cäsar Baronius, der später seine Nachfolge als Leiter des Oratoriums antrat. Die Kardinalswürde lehnte Philipp mehrmals ab. Schon zu Lebzeiten verehrte das römische Volk ihn als Heiligen (»Il Santo«). Er starb in Rom am 26. Mai 1595. Sein Grab befindet

WISSENSWERT

sich in der Kirche S. Maria in Vallicella. Philipp Neri gehörte zu den bedeutenden Gestalten der katholischen Reform. Dargestellt als Oratorianerpriester, mit flammendem Herzen vor der Muttergottes betend, auch mit Stab und Rosenkranz. Patron der Humoristen. Wird angerufen bei Unfruchtbarkeit der Frauen; gegen Gliederkrankheiten, Erdbeben.

HIMMELSWEGE ZEIGT MIR …

Manfred Lütz,
Nervenarzt, Theologe
und Bestsellerautor

Mein Lieblingsheiliger …

… ist für mich der heilige Philippus Neri. Er lebte wie ein Clochard vor über 400 Jahren in Rom und er war der Lieblingsheilige der Römer. Irgendwie war er total verrückt, doch es gelang ihm immer wieder mit seinen unberechenbaren Scherzen, die Menschen aus ihrem Alltagstrott herauszureißen und ihre Gedanken auf Gott hin auszurichten. Eines Tages kam sein Mitclochard, der heilige Felix von Cantalice, aufgeregt zu ihm. Mit allen Zeichen des Entsetzens berichtete der, in Rom erzähle man sich, Philipp und er seien Heilige. Nun war es an Philipp, entsetzt zu sein. Lebhaft beratschlagten die beiden merkwürdigen Gestalten unter einer römischen Tiberbrücke, was sie gegen solches Gerede unternehmen könnten. Schließlich betranken sie sich und torkelten die ganze Nacht lang sturzbetrunken, grölend und rülpsend durch Rom. Sie hielten das für die beste Methode gegen die Heiligkeitsgerüchte. Aber es half alles nichts. Die Römer erzählten sich nun bloß noch eine weitere Geschichte über die beiden komischen und so liebenswerten Heiligen.
Eines Tages wurde der heilige Philipp gefragt, was er tun würde, wenn er ein ganz schwieriges Problem habe. Wenn er ein ganz schwieriges Problem habe, erwiderte Philipp, dann werde er sich überlegen, was Ignatius von Loyola, der gestrenge Gründer des Jesuitenordens, in dieser Situation tun würde – „und dann tue ich das Gegenteil!" Beide sind heilig, der Streit wird also im Himmel weitergehen. Ein schöner Hinweis, dass man nur in den Himmel kommt, wenn man mit unterschiedlichen Auffassungen leben kann. Und dass die katholische Kirche klugen Humor hat, zeigt die Tatsache, dass Philipp und Ignatius – am gleichen Tage – heiliggesprochen wurden.

Die Donar-Eiche

Der Name Bonifatius ist lateinisch und bedeutet: „Wohltäter" oder „der Gutes bringt". Das Gute, das Bonifatius zu anderen Menschen gebracht hat, war der Glaube an Jesus Christus. Er ging zu vielen Menschen, die an viele verschiedene Götter glaubten. Bonifatius war begeistert von dem einen Gott, den Jesus verkündet hatte, und erzählte auch anderen Menschen von diesem Gott, der es gut mit ihnen meint und alle Menschen liebt. Eine Legende erzählt davon.

Es ist das Jahr 723, als Bonifatius nach Fritzlar in Nordhessen kommt. Hier wird er ein Zeichen setzen: Mit einer Axt will er ein Heiligtum der Germanen, die Donar-Eiche, fällen. Für die germanischen Heiden ist so etwas unvorstellbar. Niemals würden sie es wagen, den Gott Donar so herauszufordern. Wenn man seine Eiche fällt – das wissen sie genau –, wird er zornig werden! Dann wird er Blitze und Donner auf die Erde schleudern und denjenigen erschlagen, der sein Heiligtum geschändet hat.

Bonifatius greift zur Axt und setzt den ersten Hieb an den alten Baum. Nichts passiert. Er schlägt und schlägt, der Baum wankt. Nichts passiert.

Ein letzter Schlag noch, die Eiche fällt um. Nichts passiert. Die Sonne scheint weiterhin am Himmel. Kein Blitz, kein Donner. Gott Donar schweigt.

Bonifatius ruft: „Seht! Es gibt überhaupt keinen Gott Donar! Es gibt nur einen Gott, den, von dem Jesus Christus uns erzählt hat!" Viele Heiden sind so beeindruckt, dass sie von ihrem Glauben an die vielen Götter ablassen und Christen werden. Aus dem Holz der gefällten Donar-Eiche bauen alle gemeinsam bei dem Ort Fritzlar eine Kapelle. Sie wird dem Apostel Petrus geweiht.

Georg Schwikart

**Wer schweigt,
scheint zuzustimmen.**

Bonifatius

Guter Gott!
Wir danken dir für alles,
was du uns gegeben hast,
für alles, was du für uns getan hast,
für alles, was du für uns bist.
In unserer Schwäche bist du unsere Kraft;
in unserer Finsternis bist du unser Licht;
in unserem Kummer bist du
unser Trost und unser Friede.
Sei gesegnet für all deinen Segen.
Amen.

Nach einem Gebet des heiligen Bonifatius

Bonifatius

Apostel der Deutschen, Bischof von Mainz, Märtyrer

Geboren: um 672

Gestorben: 5.6.754

Gedenktag: 5. Juni

Patron von England und Thüringen, Patron der Bistümer Fulda und Erfurt, des Bonifatiuswerkes, der Bierbrauer, Feilenmacher, Schneider

Kennzeichen/Attribute: Baum, Beil, Messbuch, Quelle, vom Schwert durchstochenes Buch

WISSENSWERT

RAUBMORD ODER GAR MORDKOMPLOTT gedungener Mörder? Bis heute gibt es keine klar bewiesene Antwort auf die Frage, warum Bonifatius vor über 1250 Jahren, am 5. Juni 754, mit 51 Begleitern sterben musste. Denkbar sind beide Motive: Raubmord und tödliches Attentat.

Pathologische Untersuchungen der Bonifatiusreliquien in Fulda ergaben: Die Gebeine stammen von einem etwa 80-jährigen Mann, der in der Mitte des 8. Jahrhunderts gestorben ist und für seine Zeit außergewöhnlich groß gewachsen war. Der Schädel wurde von einer Axt oder einem Schwert gespalten. Wer war dieser angelsächsische Missionsbischof, der zum Märtyrer wurde?

Um 672/675 wird in Wessex ein Junge aus adelig-grundherrschaftlichem Geschlecht geboren und auf den Namen Wynfrith getauft. Gebildet ist der Name aus winni = Freund, Geliebter und fridu (fri(e)d) = Friede. Der Name Winfried meint also „Friedensfreund".

Schon als Kind gelangt Winfried in das Benediktinerkloster Exeter; er war wohl ein „puer oblatus", ein durch Klosterleben Gott geweihtes Kind. Später gelangt er in das Kloster Nursling, wird mit etwa 30 Jahren Priester und ist tätig als Lehrer, verfasst eine Grammatik und eine – nur in Bruchstücken erhaltene – Metrik. Zunehmend wird Winfried mit Fragen der Kirchenorganisation befasst. Befreundet ist er mit Bischof Daniel von Winchester († 744). Winfried gilt als diszipliniert und gelehrt, mutig und glaubensstark. Er ist des Griechischen und Lateinischen mächtig, betätigt sich als Theologe und Poet, schreibt Gedichte und brilliert als Redner.

Lange bewegt ihn das Verlangen, den Blutsbrüdern auf dem Festland den Glauben an Christus zu predigen. Mit etwa 40 Jahren ergreift er die Möglichkeit zu einer Missionsreise. Im Frühjahr 716 bricht er auf nach Friesland – und gerät mitten in die kriegerischen Wirren dieser Zeit. Die heidnischen Friesen liegen im Krieg mit den christlichen Franken.

Winfried zieht sich nach Utrecht zurück, das gerade von den Friesen zurückerobert wurde. Hier trifft er den angelsächsischen Missionar Willibrord. Winfrieds Versuch, den friesischen Stammesfürsten und Christenfeind Radbod die Zustimmung zur Mission abzuhandeln, misslingt. Winfried kehrt nach Nursling zurück. Gegen die eigene Interessenlage wird er dort zum Abt gewählt.

Trotz seiner neuen Aufgabe verliert Winfried seine genuine Berufung zur „peregrinatio pro Christo", Wallfahrt für Christus, nicht aus den Augen. 718 bricht er zum zweiten Mal auf – und er wird seine Heimatinsel nie mehr betreten. Der Benediktiner aus Wessex reist aber nicht in das Missionsgebiet, sondern nach Rom. Er will seine Missionspläne mit dem Papst abstimmen und sich von diesem beauf-

tragen lassen. Die Gespräche ziehen sich hin, aber schließlich sendet ihn Papst Gregor II. (715–731) als „comminister" aus. Sein Einsatzgebiet soll Thüringen sein, wo es bereits Christen gibt. Hier sollte er reformieren und Thüringen als eine Art Nahtstelle zwischen der Kirche in Friesland und Bayern stärken.

Nach kurzem Aufenthalt bei Willibrord nimmt Bonifatius, wie Winfried inzwischen dank einer Umbenennung durch den Papst heißt, ab 721 seine Tätigkeit in Hessen auf und gründet das Kloster Amöneburg. 722 reist er erneut nach Rom und wird

dort am 30. November zum Bischof geweiht. Er legt den römischen Amtseid ab und verpflichtet sich, unkanonische Bischöfe, also solche, die nicht in Einheit mit Rom amtieren, zu meiden. Bonifatius kehrt in das weitgehend heidnische Nordhessen zurück, ausgestattet mit einem Schutzbrief Karl Martells.

Daniel von Winchester beneidet den jungen Freund um seine Missionstätigkeit, „in täglicher Arbeit die steinernen und unfruchtbaren Herzen der Heiden mit der Pflugschar des Evangelium in fruchtbares Ackerland umzuwandeln". Seine missionsmethodischen Vorschläge stehen aber im Gegensatz zu denen des Bonifatius. Daniel schlägt vor, die Ungläubigen vom Irrtum ihrer religiösen Vorstellungen zu überzeugen und sie so mit rationalen Argumenten zur Taufe zu bewegen. Bonifatius dagegen war überzeugt: Argumente überzeugen weniger als plakative Beweise der Machtlosigkeit germanischer Götter. Welcher Heide wollte schon machtlose Götter verehren?

Und die Missionsmethode des Bonifatius bewährt sich. Als er 722/723 die Donar-Eiche in Geis-

mar eigenhändig und folgenlos fällt, kommt es nicht zu dem angedrohten Mord – vielleicht auch deshalb nicht, weil man die hinter Bonifatius stehende Schutzmacht fürchtet. Bonifatius gründet ein Kloster in Fritzlar. Der neue Papst Gregor III. (731–741) übersendet 732 das Pallium, wodurch Bonifatius nicht nur zum Erzbischof befördert wird, sondern zum vom Papst bevorrechtigten „Erstbischof" mit dem Recht zur Bischofsweihe und zur Einberufung von Synoden.

737/738 befindet sich Bonifatius zum dritten Mal in Rom. Er wird zum Legaten für Germanien ernannt und wirbt um Landsleute zur noch immer erhofften Mission der Sachsen. In Bayern reorganisiert Bonifatius die bereits 716 inaugurierten Bischofssitze Regensburg, Passau, Salzburg und Freising, später noch Eichstätt. Möglicherweise noch im Todesjahr von Karl Martell (741) gründet er die mitteldeutschen Bistümer Würzburg, Büraburg und Erfurt – Letztere werden später Mainz zugewiesen.

744 errichtete er das Kloster Fulda. Zu dieser Zeit wurde er durch angelsächsische Ordensfrauen wie Lioba und Walburga unterstützt; es entstanden die Klöster Tauberbischofsheim, Kitzingen und Ochsenfurt. Als die Errichtung von Kirchenprovinzen beschlossen wurde, sollte Bonifatius der Kirchenprovinz Köln vorstehen und Erzbischof von Köln werden. Doch seine geistlichen und weltlichen Gegner wussten dies zu verhindern – eine herbe Enttäuschung für Bonifatius. Er wurde zwischen 745 und 748 nach der Absetzung Bischofs Gewilibis von Mainz wegen Blutrache dessen Nachfolger.

Als Achtzigjähriger kehrte Bonifatius zu seiner ursprünglichen Aufgabe zurück – und ging wieder auf Missionsreise. Er ließ sich für diese Reise eine Truhe mit Büchern füllen und bat darum, auch ein Leinentuch hinzuzufügen, „in das man meinen altersschwachen Leib hüllen wird". Während einer Firmspendung im friesischen Dokkum wurde er am 5. Juni 754 mit 51 Begleitern erschlagen und in Fulda begraben. Am Grab des „Wegbereiters des Abendlandes" versammeln sich bis zum heutigen Tag jedes Jahr die Bischöfe der Deutschen Bischofskonferenz wenigstens einmal.

Weil er sich, der Legende nach, mit einem Buch gegen seine Angreifer zu schützen suchte, wird er ikonografisch als greiser Bischof mit einem von einem Schwert durchbohrten Buch gezeigt. Im Hoch- und Spätmittelalter eher vernachlässigt, kam er durch das im 19. Jahrhundert entfachte Nationalbewusstsein der Deutschen wieder als „Apostel der Deutschen" zur Kenntnis.

Bonifatius hat dreimal auf seinem Weg nach Rom die Alpen zu Fuß überquert, vier Päpste und drei verschiedene fränkische Herrscher erlebt. Sein Ziel, die Sachsenmission, konnte er nicht verwirklichen. In seinen eigenen Augen war sein Lebensziel wohl eher gescheitert. Wir dagegen schätzen an ihm die unbeirrbare Verfolgung eines dienenden Lebensideals – unerschütterlich, ausdauernd, vorbildlich, seine Epoche prägend.

Bonifatiuslied

♩ = 100

Bo - ni - fa - tius, der gro - ße A - pos - tel, tat, was sein Herz ihm ge -

bot. Die fro - he Bot - schaft hat er uns ge - bracht und das

Wort vom barm - her - zi - gen Gott, vom barm - her - zi - gen Gott.

1. Sie schu - fen sich vie - le Göt - ter und fürch - te - ten sie sehr.
2. Er nahm das Beil. Und die Ei - che fiel laut und pol - ternd um.
3. Da lie - ßen sich vie - le tau - fen. Sie ka - men von weit her.

Göt - ter für Wind und Wet - ter. Es wur - den im - mer mehr.
Vol - ler Not stan - den al - le ängst - lich um ihn he - rum.
Al - le wur - den zu Chris - ten. Es wur - den im - mer mehr.

Doch Bo - ni - fa - tius lob - te den ei - nen gu - ten Gott,
Doch Bo - ni - fa - tius sag - te: „Habt kei - ne Angst! Schaut her!
Und Bo - ni - fa - tius dank - te Gott, dem er so ver - traut.

stär - ker als Wind und Wet - ter, stär - ker als Not und Tod.
Göt - ter für Wind und Wet - ter braucht ihr be - stimmt nicht mehr!"
So hat er ei - ne Kir - che dann aus dem Holz ge - baut.

© 2008 by Robert Haas Musikverlag, 87439 Kempten, www.robert-haas.de.
Text: Rolf Krenzer, Musik: Robert Haas

Padovana kann laufen!

Der heilige Antonius von Padua ist einer der beliebtesten Heiligen. Fast in jeder Kirche finden wir eine Statue von ihm. Achte mal darauf. Manche Leute nennen ihn den „Wundermann", denn er hat manche Kranke geheilt und andere wunderbare Dinge getan. Auch Kindern hat er gerne geholfen. Wir erzählen euch eine Geschichte darüber.

In Padua lebte vor sehr vielen Jahren nicht nur Bruder Antonius, sondern auch ein Mann, der Pietro hieß. Er hatte eine kleine Tochter, die Padovana genannt wurde. Die Eltern liebten ihr Mädchen. Aber sie waren wegen ihr auch oft traurig, denn obwohl Padovana schon vier Jahre alt war, konnte sie noch nicht laufen. Ihre Beine waren zu schwach. Deshalb konnte sie nur über den Boden kriechen. Manche Kinder hatten Mitleid mit ihr. Aber andere lachten sie aus: „Du kriechst ja wie eine Schlange oder wie ein Krokodil!"

Die arme Padovana hatte noch eine andere Krankheit. Diese hieß „Epilepsie". Manche nannten die Krankheit Fallsucht, denn das Mädchen fiel manchmal plötzlich vom Stuhl und wälzte sich auf dem Boden hin und her. Sie konnte nichts dagegen tun. Es war dann, als ob ein fremder Geist sie schüttelte.

Die Eltern wussten nicht mehr ein noch aus.

Kein Arzt konnte helfen. Eines Tages sagte der Vater Pietro zu seiner Frau: „Nur Gott kann uns und unserem Töchterchen helfen." Die Mutter seufzte: „Ich bete ja schon jeden Tag für Padovana!" Da überlegte Pietro: „Vielleicht gehe ich mit ihr einmal zum Gottesmann Antonius. Vielleicht kann der uns helfen."

Ein paar Tage später ging Pietro mit dem kleinen Mädchen spazieren. Er trug Padovana auf dem Arm. Da begegnete er auf der Straße Antonius. „O, Bruder Antonius", rief Pietro. „Sieh dir mein armes Töchterchen an." Antonius blieb stehen. Der Vater ließ ihn gar nicht zu Wort kommen: „Nur Gott kann ihr helfen. Sie ist schon vier und kann noch nicht laufen. Bitte gib ihr den Segen Gottes!"

Antonius lächelte Pietro mit Padovana an und sagte: „Ich freue mich über deinen großen Glauben. Gerne werde ich sie segnen. Wie heißt du denn, Kleine?" Das Mädchen antwortete: „Ich werde Padovana genannt." Antonius machte ein Kreuzzeichen über ihr: „Padovana, es segne dich Gott der Vater, der Sohn und der Heilige Geist. Und nun lebt wohl, ihr beiden!" Und schon ging Antonius weiter.

Pietro ging voller Hoffnung mit Padovana auf dem Arm nach Hause. Er nahm einen Stuhl und stellte das Mädchen daneben: „Halte dich hier fest, mein Schatz, und versuche selber zu stehen." Und tatsächlich: Padovana konnte stehen. Und nicht nur das: Sie konnte auch um den Stuhl herumgehen. Dann schob sie ihn vor sich her und ging mit dieser Hilfe, wohin sie wollte.

Antonius von Padua
Kirchenlehrer, Franziskaner, berühmter Prediger

Geboren: um 1190

Gestorben: 13.6.1231

Gedenktag: 13. Juni

Patron der Bäcker, Schweinehirten, Bergleute und Sozialarbeiter

Kennzeichen/Attribute: Fische, Esel, Jesuskind, Lilie

Gott hört niemals auf, der Vater seiner Kinder zu sein.

Antonius von Padua

Die Freude im Haus war riesig: „Padovana kann laufen!" Ihre Eltern fielen sich um den Hals und küssten das Kind. Bald gab der Vater ihr einen Stock, damit sie nicht mehr den Stuhl als Stütze brauchte. Und bald brauchte sie auch den Stock nicht mehr, sondern konnte ganz ohne Hilfe gehen.

So wurde das Mädchen Padovana dank des heiligen Antonius geheilt. Auch unter der Fallsucht litt es nie wieder.

Petra Klippel
(erzählt nach der Assidua, Kapitel 31.36)

WUSSTEST DU …

Kennst du das auch? Gerade war der Hausschlüssel noch da und jetzt lässt er sich einfach nicht mehr wiederfinden. Mama findet ihr Handy nicht, Papa sucht seine Sportschuhe und Oma hat ihre Lesebrille verlegt. Da hilft nur eins: suchen, suchen, suchen – oder? Viele Christen, die etwas verloren haben, was ihnen wichtig ist, wenden sich an den heiligen Antonius. Sie glauben, dass der Heilige für ein Gebet, eine Kerze oder eine kleine Spende hilft, die Sachen zu finden. Dazu wird oft das folgende Gebet gesprochen: „Heiliger Antonius, du kreuzbraver Mann, führ mich dahin, wo … (z. B. mein Schlüssel) sein kann!"

Im Internet kann man jede Menge Erfolgsgeschichten lesen. Aber wer war überhaupt der heilige Antonius, dessen Gedenktag der 13. Juni ist?

Antonius hieß eigentlich Fernando Martim und wurde um 1195 in Portugal geboren. Seine Familie war wohlhabend und er erhielt eine gute Ausbildung. Als er in den Orden der Franziskaner eintrat, nahm er den Namen Antonius an.

Berühmt wurde Antonius vor allem durch seine mitreißenden Predigten. Viele Menschen, die ihm zuhörten, sollen allein aufgrund seiner Worte ihr Leben geändert haben.

Eine Legende über sein Leben besagt, dass ein junger Mönch den Psalter des Antonius ohne Erlaubnis mitnahm. Daraufhin wurde er von Erscheinungen heimgesucht und brachte das Buch zurück. Diese Legende machte Antonius zum Patron für verlorene Sachen.

HIMMELSWEGE ZEIGT MIR …

Ein ganz besonderer Heiliger …

„… ist für mich Antonius. Er steht für mich für die Werte der Ehe. Aber auch als Helfer, wenn man etwas verloren hat. Erst vor Kurzem habe ich einem guten Freund einen handgeschnitzten heiligen Antonius geschenkt.

Gerhard Friedle (DJ Ötzi)

Apostel der ganzen Welt

Einer der wichtigsten Männer für die Entstehung der Kirche war Paulus von Tarsus. Vielleicht wären wir hier in Europa keine Christen, wenn er nicht gewesen wäre. Er ist wirklich ein ganz wichtiger Mann, obwohl er Jesus als Mensch gar nicht begegnet ist. Es war sogar so, dass er anfangs ein richtiger Feind Jesu und der Christen war.

Paulus war ein begeisterter Jude. Sein jüdischer Name war Saul. Er glaubte an Gott, kannte die Bibel sehr gut und bemühte sich, alle Gebote einzuhalten. Die Christen hatten seiner Meinung nach den falschen Glauben und deshalb verfolgte er sie.

Eines Tages wollte er auch die Christen in der Stadt Damaskus verhaften lassen. Auf dem Weg dorthin wurde er plötzlich von einem hellen Licht geblendet und hörte eine Stimme: „Saul, Saul, warum verfolgst du mich?" Er verstand, dass Jesus zu ihm sprach. Diese Erfahrung veränderte sein Leben und seinen Glauben völlig.

So wie er vorher ein begeisterter Jude war, so wurde er nun ein begeisterter Christ. Er wollte die Botschaft von Jesus, dem Erlöser, allen Menschen bringen. Nicht nur den Menschen in Israel, wo Jesus gelebt hatte, sondern den Menschen überall auf der Welt, auch hier bei uns in Europa.

Deshalb machte Paulus weite Reisen und predigte überall von der Liebe Gottes. Er war ein wirklicher Gesandter Gottes. Auf Griechisch heißt dies: ein Apostel. Man nennt ihn zu Recht so, obwohl er nicht zu den zwölf Aposteln gehörte, die Jesus ausgewählt hatte und die mit ihm durchs Land gezogen waren.

In seinen Predigten machte er den Menschen Mut, weil Jesus für sie gestorben und auferstanden war. Diese Lehre gefiel vielen Menschen und sie begannen, an Jesus, den Sohn Gottes, zu glauben. Sie schlossen sich zu Gemeinden zusammen.

Um diese Christengemeinden auch dann im Glauben zu stärken, als er selbst schon weitergereist war, schrieb Paulus Briefe an sie. Einige dieser Briefe stehen im Neuen Testament. In vielen heiligen Messen wird auch heutzutage noch aus ihnen vorgelesen. Dann ist es so, als würde Paulus selbst uns modernen Menschen etwas über den Glauben sagen.

Am Ende seines Lebens wurde Paulus, der früher die Christen verfolgt hatte, selbst verfolgt. Mehrere Jahre lang wurde er von den Römern gefangen gehalten. Es heißt, dass er schließlich mit dem Schwert getötet wurde.

Seinen Namenstag begeht die Kirche zusammen mit dem anderen großen Apostel – dem heiligen Petrus – am 29. Juni.

Petra Klippel

Paulus

Apostel

Geboren: um 10 v. Chr.

Gestorben: 67

Gedenktag: 29. Juni

Patron des Bistums Münster, der Theologen, Seelsorger, Weber, Korbmacher

Kennzeichen/Attribute: Buch, Schwert

Petrus

Apostelfürst, erster Papst

Geboren: um 1

Gestorben: um 64

Gedenktag: 29. Juni

Patron des Erzbistums Berlin, von Rom und Trier, Patron der Schreiner, Schlosser, Uhrmacher, Fischer, Brückenbauer

Kennzeichen/Attribute: Hahn, Schlüssel

 HIMMELSWEGE ZEIGT MIR ...

Ein ganz besonderer Heiliger ...

… ist für mich der Apostel Paulus. Das hat mit einer kleinen Geschichte zu tun, die mir einmal passiert ist. Als ich während einer Theatertournee mit dem Auto unterwegs war, geriet ich mit meinem Wagen in einen Verkehrsunfall. Vor mir war ein Fahrzeug verunglückt, eine Frau überquerte gerade die Straße. Ich musste scharf bremsen und entging nur knapp dem Zusammenstoß und der Gefahr, von den nachkommenden Lastwagen zerquetscht zu werden. Als ich danach einen Halt machte, um mich von dem Schock zu erholen, stand ich zufällig vor einem alten Kloster, das eine Figur des heiligen Paulus zierte. Seitdem ist mir der Apostel besonders heilig.
Ich würde mich als einen gläubigen Menschen bezeichnen.
Ich lebe sehr bewusst und bin dankbar für alles, was mir in meinem Leben bisher geschenkt worden ist.

Hardy Krüger jr.,
Schauspieler

WISSENSWERT

DER FISCHER SIMON, der mit seiner Familie und seinem Bruder Andreas in Kafarnaum in Galiläa lebte, bekam von Jesus den Beinamen Kefa (aramäisch kefa wird im Griech. zu kephas und übersetzt in Griech. zu petros, das wiederum lat. zu petrus wird), was man mit Stein oder Fels übersetzen kann. Sein Geburtsdatum ist ebenso nicht bekannt wie sein Sterbedatum. Simon Petrus war der Anführer der Apostel und bekannte Jesus als Messias. Das hinderte ihn nicht daran, Jesus nach dessen Verhaftung zu verleugnen. Petrus war Zeuge der Auferstehung und Himmelfahrt Christi. Er war bei der später als Pfingsten bezeichneten Herabkunft des Heiligen Geistes anwesend und leitete die Urgemeinde in Jerusalem, bis er sich auf Missionsreise begab. 48/50 nahm er am Apostelkonzil in Jerusalem teil und missionierte in Antiochien, Kleinasien und in Rom, wo er unter Kaiser Nero um 64/67 – auf eigene Bitte – mit dem Kopf nach unten gekreuzigt worden sein soll. Der Tradition nach befindet sich sein Grab unter dem Papstaltar der Peterskirche in Rom.

Moderne Exegeten melden heute Zweifel an, wenn der 1. und der 2. Petrusbrief dem Apostel und Märtyrer zugeschrieben werden. Zweifellos stehen sie in der Tradition des Petrus – ebenso wie die Didache, ein um 100 entstandener frühchristlicher Katechismus, der in einer Handschrift als „Zeugnis des Petrus" bezeichnet wird.

Die katholische Kirche schreibt Petrus einen Leitungsanspruch für die gesamte Kirche zu. Abgeleitet wird er von dem bekannten Jesuswort: „Du bist Petrus und auf diesen Felsen werde ich meine Kirche bauen und die Mächte der Unterwelt werden sie nicht überwältigen. Ich werde dir die Schlüssel des Himmelreichs geben; was du auf Erden binden wirst, das wird auch im Himmel gebunden sein, und

was du auf Erden lösen wirst, das wird auch im Himmel gelöst sein" (Mt 16,18f.). Als Bischof von Rom war Petrus der erste Papst und Stellvertreter Christi. Sein Amt ist lückenlos (Apostolische Sukzession) bis in unsere Tage übergegangen.

Gemeinsam mit Paulus wird des heiligen Petrus am 29. Juni gedacht. Natürlich ist er Patron der über seinem Grab erbauten Kirche, deren Weihetag aber der 18. November ist. Und er ist der Patron bedeutender alter Kathedralkirchen wie die in Bamberg, Bremen, Köln, Osnabrück, Regensburg und Worms. Da Petrus in Anspielung auf Jesu Wort (Mt 16,19) zwei Schlüssel als ikonografisches Merkmal in die Hand gegeben wurden, gilt er als „Mann am Himmelstor" und als zuständig für das Wetter. Zahlreich sind die Plagen, gegen die der Heilige angerufen wird, ebenso wie die Berufsgruppen und Städte, die sich auf ihn berufen. Die Fischer und die Fischhändler dürfen Petrus dabei mit Sicherheit als einen der Ihren betrachten.

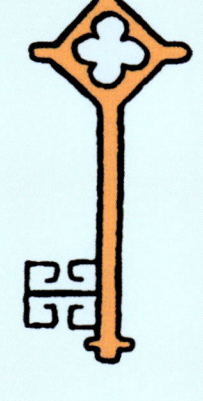

Saul (griech./lat. Saulus, der Kleine) hieß jener Apostel, der um 10 vor Christus in Tarsus von jüdischen Eltern geboren worden war und von seinem Vater das römische Bürgerrecht ererbt hatte. Wie sein Vater wurde er Zeltmacher, wuchs in griechisch-jüdischer Umgebung auf, sprach Griechisch und hatte (jüdische) Theologie studiert. Saulus hing der glaubenstreuen Gruppe der Pharisäer an. Aus Glaubenseifer verfolgte er die Christen als Sekte und Abweichler. Die Bibel berichtet, er sei bei der Steinigung des Diakons Stephanus dabei gewesen und habe dann den Auftrag erhalten, in Damaskus die Christenverfolgung zu leiten. Auf dem Weg nach Damaskus begegnet er Christus. Das ändert sein gesamtes Leben. Erblindet in Damaskus

angekommen, heilt und tauft ihn Hananias. Zum Unterschied gegenüber seinem Vorleben nennt sich Saulus nun Paulus, wird Apostel und Missionar und damit selbst Ziel und Opfer der Christenverfolgung. Im Jahr 38 flieht er aus Damaskus und geht nach Arabien. Auf drei Missionsreisen gründet er christliche Gemeinden in Kleinasien, Mazedonien und Griechenland. Auf dem Apostelkonzil erkämpft er für die Heidenchristen die Freiheit vom mosaischen Gesetz. In Caesaria wird er gefangen genommen, gerät in Rom in Haft und korrespondiert brieflich mit den von ihm betreuten Gemeinden. Eine Missionsreise nach Spanien ist ungesichert. Paulus starb der Legende nach 64/67 in Rom unter dem Schwert.

Am Ort seiner Hinrichtung entstand die Kirche S. Paolo alle Tre Fontane. Seine Gebeine wurden in der Katakombe S. Sebastiano ad Catacumbas an der Via Appia Antica bestattet. Zum Ende des 4. Jahrhunderts wurden die Reliquien in eine Grabstätte verlegt, über der die Basilika S. Paolo fuori le Mura erbaut wurde. Der kürzlich unter dem Hauptalter dieser Kirche wiederentdeckte Sarkophag scheint diese Annahme zu belegen. Der Gedenktag von Petrus und Paulus findet sich bereits im römischen Staatskalender aus dem Jahr 354.

Paulus ist neben Petrus einer der beiden großen Missionare unmittelbar nach Christus. Paulus hat dabei als Theologe wesentlich die christliche Theologie bis in unsere Tage geprägt.

Benedikt spürt die Gefahr

Aus dem verrosteten Kessel über dem Feuer dampft es. Benedikt hat sich aus Blättern und Wurzeln einen Tee gekocht, der soll ihn jetzt an diesem kühlen Frühlingsmorgen ein wenig wärmen. In der Nacht hat er arg gefroren in seiner Einsiedlerhöhle, deshalb hat er sich auch in das dicke Ziegenfell gewickelt, das er letzte Woche von einem fremden Hirten geschenkt bekommen hat. Der Mann hatte tagelang nach Benedikt gesucht, weil er die wundersamsten Dinge über ihn gehört hatte.

Dieser Einsiedler, der noch nicht einmal 20 Jahre alt ist, sei schon jetzt ein Heiliger, sagen die Leute von Benedikt, er esse und trinke kaum etwas und habe Wundergaben.

Als der Hirte Benedikt endlich gefunden hatte und dieser ihm dann von Jesus Christus erzählte, lauschte er Stunde um Stunde, und tiefer Friede erfüllte ihn.

Doch halt, was sind das für Stimmen? Es wird doch nicht schon wieder jemand kommen! Benedikt will sich schnell in seiner Höhle verstecken, aber es ist schon zu spät.

„Guten Tag, Einsiedler", sagt einer der Männer, die plötzlich vor ihm stehen. „Wir sind Mönche vom Kloster Vicovaro da drüben hinter dem Berg. Unser Abt ist gestorben, und wir alle wollen, dass du unser neuer Abt wirst."

Benedikt steht da in seinem Ziegenfell, und es hat ihm die Sprache verschlagen.

„Lieber Gott, alles, nur das nicht", fleht er leise.

Doch dieses Mal überlässt Gott Benedikt die

Entscheidung ganz allein. Die Mönche schmeicheln und bitten. Schließlich gibt Benedikt seinen Widerstand auf.

„Gut, ich werde euer Abt", sagt er, erschöpft vom stundenlangen Diskutieren. Die Mönche denken, dass nun alles zu ihren Gunsten geregelt ist.

Als Benedikt zwei Tage später im Kloster Vicovaro eintrifft, traut er seinen Augen nicht: Die Mönche tafeln an Tischen, auf denen dampfende Schüsseln mit Fleisch und anderen Genüssen stehen, überall liegen leere Weinkrüge herum, Musikanten spielen fröhliche Lieder. „Das soll ein Kloster sein?", murmelt Benedikt entsetzt vor sich hin. Ohne aber etwas zu sagen, zieht er sich in seine Zelle zurück. Am nächsten Morgen erleben die Mönche einige Überraschungen: Benedikt teilt alle für den ganzen Monat zu verschiedenen Arbeiten ein; der eine muss die Steinböden im Kloster schrubben, ein anderer das Brot backen, wieder ein anderer im Klostergarten die Frühjahrssaat ausbringen. Zu genau bestimmten Stunden am

> **Ein gutes Wort geht über die beste Gabe.**
>
> Benedikt von Nursia

Tag müssen sich die Mönche zum Gebet in der Kapelle treffen. Zu essen gibt es ab sofort einfache Gerichte, zu trinken Quellwasser.

Die fröhlichen Musikanten müssen das Kloster verlassen. Schon nach wenigen Tagen wächst unter den Mönchen die Wut. Was Benedikt einfalle, schimpfen sie untereinander, ihnen ihr schönes Leben wegzunehmen. Wie freundlich war dagegen der alte Abt, er hatte ihnen alles erlaubt und sogar noch mitgemacht. Benedikt spürt schon bald, dass die Mönche ihn am liebsten wieder loswerden würden. Er ist unglücklich über die

Benedikt von Nursia

Abt, Stifter des Benediktinerordens

Geboren: um 480

Gestorben: 21.3.547

Gedenktag: 11. Juli

Patron der Schulkinder, Lehrer, Bergleute, Höhlenforscher, Kupferschmiede

Kennzeichen/Attribute: Becher, Dornen, Kugel

Situation, aber er fühlt sich Gott gegenüber verantwortlich, das Kloster gut zu führen. Er ahnt nicht, was hinter seinem Rücken geplant wird …

Eines Abends sitzen alle Mönche beim Abendbrot. Weil ein Feiertag ist, hat Benedikt schon am Morgen erlaubt, dass am Abend Wein getrunken wird. Auch er selbst bittet jetzt um ein Glas. Einer der Mönche springt vom Tisch auf und ruft: „Ich bringe dir deinen Wein, Abt Benedikt." Dann geht er hinaus, angeblich, um den Krug neu zu füllen. Als er zurückkommt, hat er einen bereits gefüllten Becher in der Hand, den er vor Benedikt auf den Tisch stellt. Mit allen seinen Sinnen spürt Benedikt sofort, dass ihm Gefahr droht.

Alle Mönche starren auf Benedikt und warten, dass er den Wein trinkt. Da weiß er plötzlich, was gespielt wird. Lächelnd schaut er in die Runde, dann hebt er seine Hand und macht über dem Weinkelch das Kreuzzeichen. Im selben Augenblick zerspringt der Becher mit lautem Klang in viele Stücke. Die Mönche sind entsetzt über dieses Wunder. Alle wussten sie natürlich, dass der Wein in Benedikts Becher vergiftet war. Benedikt aber steht ganz ruhig von seinem Stuhl auf und geht hinüber zur Tür. Dort dreht er sich noch einmal um und sagt: „Gott erbarme sich eurer." Dann kehrt er zurück in seine Höhle.

Doch nun war Benedikt kein Unbekannter mehr. Immer mehr Männer, die das einfache Leben mit ihm teilen wollten, kamen in seine Höhle nach Subiaco. Mit ihnen baute er sein erstes Kloster auf. Als es immer mehr geworden waren, gründete Benedikt ein weiteres Kloster in Montecassino. Dort hat er seine berühmte Regel für das Leben als Mönch verfasst, die „Regula Benedicti". Die Grundlage dieser Regel sind die lateinischen Worte „ora et labora". Das heißt übersetzt: „bete und arbeite".

Vera Schauber und Michael Schindler

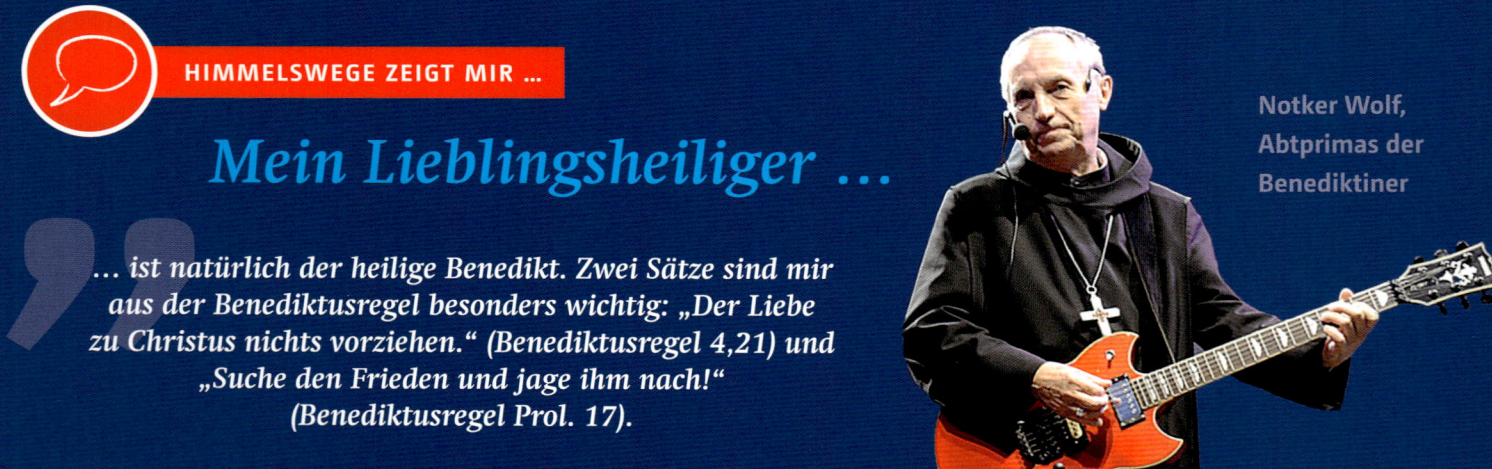

HIMMELSWEGE ZEIGT MIR …

Mein Lieblingsheiliger …

„… ist natürlich der heilige Benedikt. Zwei Sätze sind mir aus der Benediktusregel besonders wichtig: „Der Liebe zu Christus nichts vorziehen." (Benediktusregel 4,21) und „Suche den Frieden und jage ihm nach!" (Benediktusregel Prol. 17).

Notker Wolf, Abtprimas der Benediktiner

Prof. Klaus Töpfer, ehemaliger Bundesumweltminister

HIMMELSWEGE ZEIGT MIR …

Ein ganz besonderer Heiliger …

„… ist für mich der heilige Benedikt. Beten und arbeiten, Vertrauen in Gott haben und in Verantwortung handeln. Sich nicht aus dieser Welt verabschieden, sondern diese Welt sehr konkret mitbeeinflussen, mitgestalten. Mehr denn je ist in dieser globalisierten Welt der großen Gegensätze von Arm und Reich, dieser Konfrontationen von Ideologien, Egoismen und Missgunst, dieses Beten und Handeln gebieterisch eingefordert.

UM 480 IN NURSIA BEI PERUGIA als Sohn eines wohlhabenden Landbesitzers geboren – seine Zwillingsschwester war die später gleichfalls als Heilige verehrte Scholastika –, ging Benedikt (von „bene dictus" = gesegnet) nach seiner Schulzeit zum Studium nach Rom. Enttäuscht von der dort herrschenden Sittenlosigkeit, zog er sich in die Berge nach Enfide (heute: Affile) zurück und lebte als Einsiedler, bevor er sich für drei Jahre in eine Höhle bei Subiaco zurückzog. Über der Höhle entstand im 12. Jh. das Kloster Sacro Speco (= Heilige Höhle).

Als er um die Übernahme der Leitung des nahe gelegenen Kloster Vicovaro gebeten wurde, sagte er zu, scheiterte aber am Widerstand der Mönchsgemeinschaft, die den unbequemen Abt loswerden wollte. Benedikt ging zurück in das Tal von Subiaco und gründete neben dem Kloster S. Clemente zwölf weitere kleine Klöster. Wegen der gegen die Mönche betriebenen Intrigen zog sich Benedikt 529 mit einem Teil der Mönche auf den 80 km südöstlich gelegenen Monte Cassino zurück und gründete dort das Kloster, das als Mutterkloster aller Benediktiner gilt. Er leitete das Kloster und schrieb seine berühmte „Regula Benedicti".

Die Klosterregel Benedikts wurde nicht nur die Grundlage zahlloser Klöster, sondern ist vor allem ein klösterliches Konzept für die Gliederung der Zeit, das ausgeglichene Verhältnis von Arbeit, Gebet und Muße, die Einhaltung des Zölibates, Zucht beim Essen (kein Fleisch vierfüßiger Tiere, eine gekochte Mahlzeit am Tag, Reduktion des Weinkonsums), feste Zeiten für Arbeit, Gebet und Schlaf. Dem Gebet darf nichts vorgezogen werden, Gäste sind wie Christus zu behandeln. Das Benedikt zugeschriebene Ordenskonzept unter dem Motto „Ora et labora" (= bete und arbeite) trifft zwar den Grundgedanken, stammt aber erst aus dem 19. Jahrhundert. Zahlreiche Bestimmungen der Klosterregel heben auf die Unterbindung zwischenmenschlicher Konflikte ab. Der Friede zwischen der Ordensleitung und den Brüdern und der Brüder untereinander und der verschiedenen Altersgruppen im Kloster wird durch genaue Regeln zu sichern gesucht.

Benedikt hat zwar etliche Klöster gegründet, aber keine Ordensgemeinschaft. Die nach ihm benannte Ordensgemeinschaft der Benediktiner entstand erst durch die Bemühungen des Vatikans, die Benediktinerklöster kirchenrechtlich wie einen Orden behandeln zu können. Daraufhin gründeten sich die verschiedenen Kongregationen der Benediktiner, z. B. die Cassinenser Kongregation, die Beuroner Kongregation und andere, die in der Benediktiner-Konföderation zusammengefasst sind. Jede Benediktinerabtei ist völlig autonom – und das nicht nur rechtlich, sondern sie muss sich auch selbst finanziell unterhalten und nach Möglichkeit auch selbst versorgen.

Benedikt starb am 21. März, dem Gründonnerstag des Jahres 547, während des Gebetes am Altar der Klosterkirche auf dem Monte Cassino, der Le-

WISSENSWERT

gende nach stehend, gestützt auf einige Brüder. Er galt seit je als Heiliger und wurde 1964 zu einem der Patrone Europas erhoben.

Seit dem 11. Jahrhundert wurde sein Gedenktag am 21. März begangen, es sei denn, der Tag fiel in die Karwoche. Dann wurde des Heiligen zum frühestmöglichen Termin nach Ostern gedacht. Als der Gedenktag Benedikts 1970 in den Generalkalender der Kirche aufgenommen wurde, verlegte man den Gedenktag auf den 11. Juli.

Die Benediktinerklöster halten am 21. März als Gedenktag fest, denn der 11. Juli gilt ihnen als „verbotenes Fest". Es ist der Tag, an dem in Fleury das Fest der Übertragung der Reliquien des heiligen Benedikt gefeiert wurde. Der Tradition nach entführte nämlich der hl. Aigulf um 673 die Reliquien des hl. Benedikt aus dem durch die Langobarden verwüsteten Monte Cassino nach Fleury.

Durch Josef Kardinal Ratzinger, der als Papst 2005 den Namen Benedikt (XVI.) angenommen hat, ist dieser berühmte Vorname wieder neu in das allgemeine Bewusstsein gedrungen. Die zunehmende Zahl der auf „Benedikt" Getauften belegt dies deutlich.

Daniel in der Löwengrube

Nebukadnezzar, der König von Babylon, hatte Jerusalem zerstört. Er nahm viele Gefangene mit, unter ihnen auch Daniel. Gemeinsam mit seinen Freunden wurde Daniel am königlichen Hof ausgebildet. Bald stieg er zum Ratgeber und Traumdeuter des Herrschers auf. Nach dem Tod von Nebukadnezzar gelangte Belschazzar auf den Thron. Aber es dauerte nicht lange, bis feindliche Soldaten die Grenzen des Landes überschritten ...

Darius, der König der Meder, führte ein riesiges Heer gegen Babylon. Niemand vermochte diesem Heer zu widerstehen. Das Reich des Darius wurde so groß, dass er es nicht mehr allein regieren konnte. Deshalb setzte er Verwalter ein. Zu ihnen gehörte auch Daniel. Das schürte den Neid der Höflinge. Sie wussten, dass Daniel an den Gott Abrahams, Isaaks und Jakobs glaubte. Am Morgen, am Mittag und am Abend stieg Daniel in das Obergeschoss seines Hauses. Dort kniete er am offenen Fenster und betete. Das Fenster aber wählte er, weil es nach Jerusalem zeigte, wo der Tempel, das Haus Gottes, in Schutt und Asche lag.

Darius ertrug es nicht, wenn jemand ein größeres Ansehen hatte als er selber. Deshalb sagten die Höflinge zu ihm: „Erlass doch ein Gesetz. Wer im Land eine Bitte hat, darf sie nur noch an dich richten und nicht mehr an andere Menschen oder an Götter. Jeder, der dieses Gesetz missachtet, wird den Löwen vorgeworfen."

Der Vorschlag seiner Höflinge gefiel Darius. Überall im Reich ließ er das neue Gesetz ver-

künden. Dreißig Tage sollte es gelten. Als Daniel davon hörte, erschrak er. Trotzdem kniete er weiterhin am offenen Fenster, um zu beten. Laut pries er den Gott seiner Väter und bat ihn um Hilfe. Da liefen die Neider Daniels zum König. „Hast du nicht ein Gesetz verkündet, das im ganzen Land gilt?", fragten sie ihn. „Dein oberster Verwalter kümmert sich nicht darum. Dreimal täglich wendet er sich an den Gott der Israeliten und trägt ihm seine Bitten vor."

Vergeblich dachte der König darüber nach, wie er Daniel retten könnte. Doch die Gesetze des Herrschers galten für alle: Auch Darius musste sich daran halten. Deshalb ließ er seinen Verwalter holen.

„Du dienst deinem Gott noch treuer als mir. Möge er dir helfen", sagte der König, bevor Daniel in die Grube zu den Löwen hinuntergestoßen wurde.

Die Wachen wälzten einen großen Stein über die Öffnung und Darius brachte sein Siegel an, sodass niemand den Stein unbemerkt wegschieben konnte.

In dieser Nacht fand Darius keinen Schlaf. Er aß nichts und er trank nichts. Sobald der Morgen dämmerte, eilte er zu der Löwengrube. „Daniel", rief er schon von Weitem, „hat dich dein Gott gerettet?"

Da hörte er eine Stimme aus der Tiefe. „O König, du sollst ewig leben", antwortete Daniel. „Mein Gott sandte einen Engel, der mich beschützte, denn ich bin ohne Schuld. Darum haben mir die Löwen nichts getan. Nicht einmal einen Kratzer fügten sie mir zu."

Voller Freude befahl der Herrscher seinen Wachen, den Stein fortzuwälzen. An einem Seil wurde Daniel hochgezogen. Der König aber schrieb an alle Völker in seinem Reich: „Der Gott von Daniel rettet und befreit. Er ist der lebendige Gott, seine Herrschaft hat kein Ende."

Erich Jooß

Daniel
Einer der vier großen Propheten des Alten Bundes

Geboren: unbekannt

Gestorben: um 536 v. Chr.

Gedenktag: 21. Juli

Patron der Bergleute

Kennzeichen/Attribute: Jüngling, Löwengrube, Mütze, Widder

MACH MIT!

LÖWENPOSTER

Du brauchst: großen Bogen Papier, Wasserfarben, Pinsel, Wollreste, Klebstoff
So wird's gemacht: Auf den Paperbogen werden die Umrisse eines Löwen gezeichnet. Der Löwe wird bunt ausgemalt und die Lösenmähne aus Wollresten aufgeklebt.

WISSENSWERT

DANIEL (hebräisch: „Der Herr ist Richter") ist einer der großen Propheten des Alten Bundes, stammte aus einer vornehmen Familie im Reiche Juda, wurde im jugendlichen Alter 605 v. Chr. nach Babylon weggeführt und dort am Hofe des Königs Nebukadnezzar erzogen. Seine Rechtschaffenheit und seine Kenntnisse verschafften ihm eine einflussreiche Stellung unter mehreren Königen. Seine Treue zum Gesetz belohnte Gott mit der Gabe der Prophetie. Seine Weissagungen und Visionen sind im alttestamentlichen Buch Daniel niedergelegt und beziehen sich auf die nächste, die messianische und die endzeitliche Zukunft. Daniel starb nach 563 und wurde in Babylon oder Susa begraben.

Der Prophet Daniel wird dargestellt als Jüngling in der Löwengrube, mit einem vierhörnigen Widder oder mit anderen wilden Tieren.

Wegen seiner Glaubenstreue ließ der König einige seiner hebräischen Freunde in einen Feuerofen werfen, aber sie überlebten dank Gottes Hilfe (Dan 3,1ff.). Daniel deutete auch dem nachfolgenden König Belschazzar die sprichwörtlich gewordenen, geisterhaften „Zeichen an der Wand", die „Menetekel". Weil Daniel sich nicht an das Verbot des Betens hielt, das König Darius erlassen hatte, wurde er in die Löwengrube geworfen, blieb aber unversehrt und wurde gerettet (Dan 6,1ff.).

Daniel ist auch der Held dreier, in den Zusätzen zum Danielbuch enthaltener Legenden: der Geschichte der Susanna, der Geschichte der Priester des Bel und der Drachenerzählung.

Für die siebzig Priester des Bel war die Echtheit ihres Gottes dadurch zweifelsfrei erwiesen, dass die riesigen Mengen an Speisen und Getränken, die ihm bis zum Abend am Altar vorgelegt wurden, bei Anbruch des nächsten Tages immer verschwunden waren. Bel musste sie also, da der Tempel verschlossen war, selbst verspeist haben. Daniel ließ den Boden des Tempels mit Asche bestreuen und konnte am nächsten Tag anhand der Fußspuren nachweisen, dass nicht Bel es war, der alles aufaß, sondern dass die Priester mit ihren Familien in den Tempel eindrangen und die „Götterspeise" verzehrten. Der König ließ sie hinrichten und das Heiligtum des Bel zerstören.

Als Nächstes ging Daniel daran, einen Drachen zu vernichten, den die Babylonier wie einen Gott verehrten. Der Drache bekam einen unverdaulichen Klumpen vorgesetzt, den Daniel aus Pech, Talg und Haaren geformt hatte. Der Drache fraß ihn auf und zerbarst.

Der Überlieferung nach ist Daniel später nach Jerusalem gezogen und dort gestorben. Doch im 12. Jahrhundert berichtete der spanische Jude Benjamin von Tudela, er habe Daniels Grab in Susa im Südwesten Persiens gesehen.

Die Verehrung des heiligen Daniel als Bergbaupatron ging in der Barockzeit stark zurück; umgekehrt stiegen die heiligen Barbara, Florian, Antonius von Padua oder der Evangelist Johannes in der Wertschätzung der Bergleute. Eine der wenigen in Kärnten erhaltenen barocken Danielstatuen befindet sich am Hochaltar der dem heiligen Andreas geweihten Pfarrkirche von Innerkrems, der traditionellen Knappenkirche für den dort jahrhundertelang intensiv betriebenen Eisenbergbau. Während der Altar selbst um 1670 angefertigt wurde, stammen die kleinen Altarfiguren (darunter die Bergbaupatrone Barbara und Anna) aus der Mitte des 18. Jahrhunderts. Der heilige Daniel ist jugendlich dargestellt und hält in seiner Linken ein Buch (Symbol seiner alttestamentarischen Prophezeiungen), in seiner Rechten aber Schlägel und Eisen, weil er als Erzweiser galt.

Ein Nordlicht für Europa

Wer Kommunionkinder oder eine Ministrantengruppe nach den großen Ferien fragt, wo sie alles Urlaub gemacht haben, kann fast alle Länder Europas genannt hören – obwohl die Euros nicht mehr so locker sitzen.
Könnt ihr verstehen, dass es schon vor siebenhundert Jahren eine schwedische Frau gab, die Europa vom Norden bis zum Süden durchwanderte?

Aber langsam: Birgitta hieß das Energiebündel. Sie war intelligent und sehr hübsch. Schon mit 13 Jahren wurde sie mit dem achtzehnjährigen Ulf verheiratet. Das hatte aber nichts damit zu tun, dass sie frühreif war, sondern in vornehmen Adelskreisen war es damals üblich, früh zu verheiraten, um so das Erbe zu schützen und politisch stärker zu werden. So war das ja auch bei der hl. Elisabeth von Thüringen, die schon mit fünf Jahren verlobt wurde.

Aus dem lebhaften Kind wurde eine Powerfrau, die mit 18 ihr erstes Kind bekam und mit 32 Jahren vier Jungen und vier Mädchen das Leben geschenkt, sie selbst gestillt und erzogen hatte. Darüber hinaus leitete sie den Haushalt des großen Adelsgutes, speiste jeden Tag noch zwölf Arme, kümmerte sich um Frauen, deren Leben gefährdet war, und ließ verfallene Hospitäler aufbauen. Später pflegte sie Pestkranke. Nebenher schrieb sie noch wütende Briefe

an Papst und Bischöfe, wenn die ihr zu weltlich dachten und handelten.

Sie war schließlich so geachtet, dass sie an den schwedischen Königshof berufen wurde. Aber da gefiel es ihr bald nicht mehr, und es begann die Zeit, in der sie wie besessen durch ganz Europa wallfahrtete. Darum wurde sie 1999 auch von Papst Johannes Paul II. zur Mitpatronin Europas erklärt. Weil Birgitta glaubte, dass an Wallfahrtsorten der Himmel die Erde berührt, reiste sie nach Rom, Santiago de Compostela – ja bis Jerusalem. 1342 kam sie auch durch Köln und war am Schrein der Heiligen Drei Könige tief beeindruckt.

Jetzt muss man allerdings wissen, wie schlimm es damals in Europa aussah: Der Hundertjährige Krieg zwischen Frankreich und England verwüstete ganze Landstriche; die Pest raffte jeden Dritten dahin; Rom war von einer Million Einwohner auf 20.000 geschrumpft; der Papst lebte im Ausland, in Avignon.

Aber so sehr Birgitta sich um Frieden mühte, sie musste erkennen, wie damals doch eine Frau gegen mächtige Herrscher auf verlorenem Posten stand. Darum gründete sie aus Protest ein Kloster, in dem intensiv gebetet wurde, um mit der Hilfe Gottes alles Böse und Widrige zu überwinden. Es entstand der Birgitten- oder Erlöserorden als Doppelkloster für Frauen und Männer. Ihre Wohnungen waren durch hohe Mauern getrennt. Sie befolgten eine strenge Regel: Sie sah vor, dass ein Gewinn immer am 1.11. jeden Jahres an die Armen verteilt werden musste.

Birgitta selbst sah sich als Rebe am Weinstock Christi und holte sich immer wieder mit dem Blick auf den gekreuzigten Jesus neue Kraft.

Was die hl. Birgitta von Schweden damals als Rettung für Europa ansah, könnte auch heute noch die Länder aus ihren Sackgassen holen:

- Wieder die Liebe zu kinderreichen Familien entdecken.
- Gegen alles Bequeme und Gleichgültige christliche Quellen im Gespräch mit Gott suchen und finden.
- Sich für den Frieden einsetzen. So beten heute noch an ihrem Grab in Vadstena lutherische und katholische Christen um die Einheit im Glauben.

Birgitta wusste: Wenn Gott nicht letztlich das Haus baut, in dem Menschen in Frieden leben können, dann müht sich jeder umsonst, der daran baut (nach Ps 127,1).

So wurde Birgitta bis heute zum Nordlicht für ganz Europa.

Willi Hoffsümmer

WISSENSWERT

BIRGITTA, um 1302/1303 geboren, wurde 1316 mit dem Adeligen Ulf Gudmarsson vermählt. Ihre Ehe wurde mit acht Kindern gesegnet. Wegen ihres frommen und gütigen Sinnes genoss Brigitta großes Ansehen. 1341/43 unternahm das Ehepaar eine Reise zum Grab des hl. Jakobus in Santiago de Compostela in Spanien. Nach der Heimkehr zog sich Ulf Gudmarsson in ein Zisterzienserkloster zurück, wo er bereits am 12. Februar 1344 einer Krankheit erlag. Birgitta ließ sich nun in Alvastra nieder. Schon von Kindheit an war sie durch Offenbarungen begnadet

worden. Jetzt vernahm sie Gottes Ruf, seine Braut und Mittlerin zu sein. Die von ihren Beichtvätern aufgeschriebenen Offenbarungen erhielt Birgitta als Antworten Gottes auf ihre Gebete, aber selten in Ekstasen. 1346 schenkte ihr König Magnus Eriksson das Königsgut Vadstena, wo sie dann das erste Kloster des von ihr ins Leben gerufenen Erlöserordens, auch Birgittenorden genannt, gründete. Um für die Anerkennung und Ausbreitung ihres Ordens besser wirken zu können, ging Brigitta 1349 nach Rom. Seit 1350 lebte ihre Tochter Katharina als ihre treueste Jüngerin und Begleiterin bei ihr. Brigitta bemühte sich, allerdings vorerst vergebens, die Päpste zur Rückkehr von Avignon nach Rom zu bewegen. 1372/73 machte sie eine Wallfahrt ins Heilige Land, kurz darauf starb sie am 23. Juli 1373 in Rom. Ihre Tochter Katharina überführte den Leib im folgenden

Jahr 1374 nach Schweden, wo sie in ihrer Gründung Vadstena bestattet wurde. Johannes Paul II. erhob sie am 1. Oktober 1999 zur Mitpatronin Europas. Birgitta wird dargestellt im Gewand einer Pilgerin oder im Nonnenhabit mit Brigittenhaube (Bügelkrone mit fünf roten Flecken, die die fünf Wunden Christi bedeuten), mit Schreibfeder und Buch. Patronin der Pilger. Sie wird angerufen um einen guten Tod.

Birgitta von Schweden

Seherin, Pilgerin, Stifterin des Birgittenordens

Geboren: **um 1302**

Gestorben: **23. Juli 1344**

Gedenktag: **23. Juli**

Patronin von Europa, Patronin der Pilger

Kennzeichen/Attribute: **Christus am Kreuz, JHS, Kreuz, Pilger, Schreibfeder, Tintenfass**

Was ist Gott anderes als Leben und Lieblichkeit, leuchtendes Licht, unvergängliche Güte, richtende Gerechtigkeit und heilendes Erbarmen?

Birgitta von Schweden

Christophorus oder: Das Gewicht der ganzen Welt

Es war einmal ein Mann, der hieß Reprobus, das heißt: „der Verdammte". Er war groß und stark, so stark wie niemand sonst auf der Welt. Viele Menschen hatten Angst vor ihm. Das machte Reprobus traurig. Eines Tages dachte er bei sich: „Ich will fortgehen von hier und dem stärksten und mächtigsten Herrn der Welt dienen."

Reprobus machte sich auf den Weg. Überall fragte er nach dem mächtigsten Herrn der Welt. Schließlich kam er zu einem König, der sehr reich war und so viele Soldaten hatte, dass er jeden Krieg gewann. Reprobus dachte: „Das ist der größte Herr der Welt. Ihm will ich dienen." Und er blieb bei dem König.

Nach einiger Zeit stand wieder ein Krieg bevor. Ein furchtbares Gewitter ging über dem Schloss nieder. Reprobus sah den König bleich an der Mauer stehen und stöhnen: „Oh, ein schlechtes Zeichen! Der Böse will uns vernichten." Diesen Krieg verlor der König. Reprobus dachte: „Er ist doch nicht der mächtigste Herr. Der Böse ist mächtiger als er. Ich will ihn suchen und ihm dienen."

Und er ging und fragte alle Menschen, die ihm begegneten: „Wo finde ich den Bösen?"

Die Leute antworteten ihm: „Der Böse, das ist der Teufel. Er ist überall dort, wo Böses geschieht. Du dienst ihm, wenn du selbst Böses tust und andere Menschen zum Bösen anstiftest. Hass, Neid, Krieg, Streit, Lüge, das sind seine Erkennungszeichen." Reprobus brauchte nicht lange zu suchen. Böses geschah überall. Er fand den Teufel und diente ihm.

Eines Tages kamen sie an einem Wegzeichen vorbei. Es war ein Wegkreuz. Erstaunt sah Reprobus, wie der Böse davor ängstlich zur Seite wich. Reprobus sah sich das Kreuz genau an. Ein Mann hing daran. „Dieser Mann am Kreuz", dachte er bei sich, „scheint mächtiger zu sein als der Böse. Ich will gehen und ihm dienen."

Und er machte sich auf den Weg.

„Wer ist der Mann am Kreuz?", fragte er alle Menschen, die ihm begegneten. „Das ist Jesus Christus", antworteten sie ihm, „du dienst ihm, wenn du zu allen Menschen gut bist. Er hat die Menschen so sehr geliebt, dass er für sie am Kreuz gestorben ist."

Reprobus traf einen Mann, der viel von Jesus wusste. „Wie kann ich ihm dienen?", fragte er ihn.

Der Mann sah ihn an und sagte: „Du bist groß und stark. Jesus kannst du dienen, wenn du das, was du am besten kannst, zum Wohl der Menschen einsetzt. Hier in der Nähe fließt ein reißender Fluss. Niemand kann ihn überqueren. Es gibt keine Brücke und kein Boot. Du aber kannst die Menschen mit deiner Kraft sicher hinübertragen."

Reprobus baute sich am Ufer des Flusses eine Hütte. Viele Jahre lang trug er die Menschen sicher hinüber. Reprobus wartete auf Jesus. Er wartete und wartete …

Eines Nachts – es war dunkel und stürmisch – hörte er eine helle Stimme rufen: „Reprobus, Reprobus, bring mich ans andere Ufer!" Reprobus ging aus der Hütte heraus und sah ein kleines Kind am Ufer stehen. „Eine leichte Last", dachte er bei sich, nahm das Kind auf seine Schultern, den Stab fest in die Hand und stieg in das Wasser.

Das Kind, das ihm erst so leicht erschienen war, wurde immer schwerer. Die Last drückte auf seine Schulter, das Wasser stieg höher und höher.

Christophorus
Märtyrer, Nothelfer (griech. = Christusträger)

Geboren: unbekannt

Gestorben: um 250

Gedenktag: 24. Juli

Patron der Schiffer, Pilger, Reisenden, Goldschmiede, Gärtner, Schutzpatron im Straßenverkehr

Kennzeichen/Attribute: Jesuskind, Nothelfer, Wasser

Mit letzter Kraft erreichte Reprobus das andere Ufer. Er setzte das Kind auf die Erde und sagte: „Mir ist, als hätte ich die ganze Welt auf meinen Schultern getragen."

Das Kind antwortete: „Du hast den Herrn der Welt getragen. Ich bin Jesus Christus, auf den du schon so lange wartest. All die Jahre hast du mir treu gedient, als du die Armen und Schwachen über den Fluss getragen hast. Von jetzt an sollst du nicht mehr ‚Reprobus' heißen, sondern ‚Christophorus', das heißt: ‚der, der Christus trägt'. Damit du siehst, dass ich die Wahrheit spreche, nimm deinen Stab und steck ihn neben deiner Hütte in die Erde! Morgen früh wird er blühen."

Dann verschwand das Kind. Christophorus ging zur Hütte und pflanzte seinen Stab neben sie. Am anderen Morgen trug der Stab Blüten. Christophorus war überglücklich. Er hatte den mächtigsten Herrn gefunden.

Elsbeth Bihler und Matthias Micheel

JÄHRLICH WERDEN besondere Gottesdienste mit Fahrzeugsegnung durchgeführt. Dabei werden Autos, Motorräder oder Fahrräder mit Weihwasser gesegnet, um für ihren Gebrauch Schutz und Heil von Gott zu erbitten. Der Segen gilt nicht nur den Fahrzeugen, sondern auch den Fahrern. Er soll ihnen bewusst machen, im Straßenverkehr Verantwortung für den Nächsten zu übernehmen, rücksichtsvoll zu fahren und sich gegenseitig zu beschützen. So können sie dem Beispiel des heiligen Christophorus folgen, der für

WUSSTEST DU ...

Jesus Verantwortung übernommen hat und für ihn da war. Als Zeichen dafür, dass die Autofahrer sich dem Schutz des Heiligen unterstellen, befestigen sie am Armaturenbrett eine Christophorus-Plakette. Der heilige Christophorus wird außerdem als Nothelfer gegen einen unvorbereiteten Tod angerufen. Deshalb tragen die Rettungshubschrauber in Deutschland auch die Kennung „Christoph".

> **Guter Gott,**
> **du hast gesagt:**
> **Wer unter euch groß sein will,**
> **soll für andere etwas tun.**
> **Hilf uns, das zu verstehen.**
> **Amen.**
>
> Elsbeth Bihler

EINEM CHRISTOPHOROS, dessen vor der Reform des liturgischen Kalenders am 24. Juli gedacht wurde, ist nach einer Inschrift am 22. September 454 eine Kirche in Chalkedon geweiht worden, weshalb von einem Märtyrer dieses Namens auszugehen ist.

Ohne dass es jedoch gesicherte Daten zu diesem Christophoros gab, bildeten sich um ihn Legenden, die sich in einen östlichen und einen westlichen Zweig aufspalteten. Nach einer Handschrift des 8. Jahrhunderts berichtet der Osten von einem Menschen fressenden Kynokephalen Reprobus, der in der Taufe den Namen Christophoros und die menschliche Sprache erhält. Als Missionar in Lykien tätig, bestätigt ihn Gott durch einen grünenden Stab. Sein Martyrium erleidet er nach Folter durch Enthauptung. Den Reliquien verleiht Gott Wunderkraft und Schutz gegen böse Geister und Unwetter. Wegen des ungewöhnlichen Legendmotivs vom Menschen fressenden Hundeköpfigen vermutet die Forschung den Ursprung der Legende im ägyptisch-gnostischen Bereich (verchristlichter Anubis).

Zum Westen hin verbreitete sich die Christophoros-Legende entlang der byzantinischen Pilgerstraße, eliminierte aber auf diesem Weg das Element der Bestie. Der Heilige wurde zum Riesen, das genus canineorum wird zur Herkunftsbezeichnung Cananeus, aus Kanaan. Die Legenda aurea erweiterte die Legende im 13. Jahrhundert um zeitgenössisches ritterliches Denken: Das Vasallenmotiv tritt hinzu. Aus Christophoros wird lat. Christoforus, Christophorus, Christofferus, Offerus, der nur dem mächtigsten Herrn dienen will. Als er schließlich als Eremit Gott dadurch dient, dass er Pilger durch einen reißenden Fluss trägt, trifft er auf Christus, verborgen in der Gestalt eines Kindes. Unter der Last des Kindes droht Christophorus zusammenzubrechen. Da offenbart sich im Christus und tauft ihn im Fluss. Die Gottesbegegnung wird durch einen „grünenden Stab" bestätigt. Diese aus den Südalpen

stammende Legendenvariante wird auf dem Weg zum Norden um das Motiv des Fährdienstes und die Begegnung eines Heiligen mit Christus erweitert.

Im Westen wird Christophorus zu einem populären Heiligen, einem der Vierzehn Nothelfer. Seine Verehrung verbreitet sich über ganz Europa, ist ab dem 16. Jahrhundert auch in Amerika präsent. Angerufen wird er als Helfer in Gefahr, bei Unwetter und Dürre. Seines Fährdienstes wegen galt er als Patron der Pilger und Reisenden, Schiffer und Fuhrleute. Das Stabwunder machte ihn zum Patron der Gärtner. Heute ist der Heilige vor allem als Schutzpa-

tron im Straßenverkehr bekannt; seine Plakette ist in vielen Autos angebracht. Zahlreiche Rettungshubschrauber tragen seinen Namen.

Der Gedanke an den Tod, das eigene Sterben, und die Angst, ohne Beichte und priesterliche Lossprechung dem gnädigen, aber auch gerechten Gericht Gottes anheimzufallen, beschäftigte den mittelalterlichen Menschen über alle Maßen. Die sprichwörtliche Sterbensangst war ganzjährig und lebenslänglich präsent, das Leben im Angesicht des

WISSENSWERT

Todes eine unabweisbare Realität, gegen die man sich vielfältig zu sichern suchte. Hierzu gehörten unter anderem trickreiche Vorsichtsmaßnahmen, wenn etwa der heilige Christophorus in vielen Kirche überlebensgroß in Eingangsnähe dargestellt wurde, weil man glaubte, wer ihn an einem Tag sehe, werde an diesem Tag nicht sündenbeladen sterben. Vom 13. bis zum 16. Jahrhundert galt der Anblick des heiligen Christophorus als sicherer Lebensschutz, als Schutz vor einem unvorhergesehenen Tod. Ritter brachten deshalb ein Bild des Christophorus an der Innenseite ihres Schutzschildes an, Bürger malten ihn auf die Innenseite der Stadttore.

Die Christophoruslegende liefert auch den Grund für die Verbalisierung des Namens zu „christoffeln": Da der Heilige auch zu Wohlstand verhelfen sollte, stand das Verb für das Beschwören eines Schatzes, zaubern, magisches Tun und – im übertragenen Sinn – das Bleigießen, das die Zukunft zeigen soll. Das Verb „christoffeln" leitet sich ab vom Christoffelgebet, in Wahrheit eine Zauberformel, die den Teufel zum Erscheinen zwingen sollte, und die bei der Schatzsuche verwendet wurde. Im so genannten Christoffelgebet tauft Jesus Christophorus und ernennt ihn dann zu seinem Schatzmeister. Weil Christophorus somit auch Herr aller verborgenen Schätze ist, soll das Christoffelgebet den Teufel zur Mithilfe bei der Schatzsuche zwingen.

Ein wenig von der großen Bedeutung des heiligen Christophorus hat sich in der nicht mehr weit bekannten Redensart erhalten: „Vom großen Christopher reden". Ausgedrückt wird hier, dass einer dreiste Zuversicht zur Schau stellt, wie sie sich eigentlich nur ein Christophorus hätte leisten dürfen.

Dominik, der Büchernarr

Als seine Mutter Dominik unter dem Herzen trug, träumte sie eines Nachts von einem Hund, der eine Fackel zwischen seinen Zähnen hielt. Mit dieser Fackel entzündete er die ganze Welt. Erschrocken wachte sie auf und spürte, wie sich das Kind in ihrem Bauch heftig bewegte.

Ob du ein Mädchen oder ein Knabe wirst, weiß ich nicht", sagte sie, „aber ich spüre, dass du ausersehen bist, eine besondere Aufgabe zu erfüllen."

Bei der Geburt erblickte seine Patin auf der Stirn des Knaben einen Stern, und bei der Taufe sahen die Gäste einen hellen Glanz um das Haupt des Kindes schweben.

Kaum konnte sich Dominikus bewegen, kletterte er aus seiner Wiege heraus und legte sich auf den Boden. Auch als er starb, ließ er sich nicht auf ein gepolstertes Lager, sondern auf die bloße Erde betten.

Mit vierzehn Jahren kam Dominikus in eine Klosterschule nach Palencia. Er fing an, Bücher zu sammeln, und von allen Dingen, die er besaß, waren sie ihm das Liebste.

In der Zeit brach in der Gegend eine Dürre aus. Viele Tiere und Menschen starben. Da ging Dominikus hinaus und verschenkte seine Habe den Armen. Nur seine kostbaren Bücher behielt er. Doch als die Not immer größer wurde, verkaufte er ein Buch nach dem andern. „Wie kannst du dich von deinen geliebten Büchern trennen?", tadelte ihn einer seiner Freunde.

„Das Herz ist mir schwer", antworte Dominikus. „Aber wie kann ich mich an toten Büchern freuen, wenn lebendige Menschen verhungern müssen."

Aus dem Erlös der Bücher besorgte er Brot und verteilte es unter den Hungernden.

Dominikus starb auf einer Predigtreise durch Norditalien. Auf einem Dorffriedhof in der Nähe Bolognas wurde er von seinen Brüdern begraben. Als seine Leiche später nach Bologna überführt werden sollte, fürchteten sich die Mönche, sein Grab zu öffnen. Sicher war Dominikus' Körper schon halb verwest und von Würmern zerfressen. Wie staunten sie, als der Grube ein Duft entströmte, als wäre sie ein Garten voller Rosen und Lilien.

Eine große Menschenmenge gab dem Leichnam das Geleit. Der Wohlgeruch begleitete die Prozession bis in die Stadt hinein. An Händen und Kleidern aber, die mit dem Toten in Berührung gekommen waren, blieb der wunderbare Duft für immer haften.

Max Bolliger

Alle Menschen umfing er mit einer fast grenzenlosen Liebe, und da er allen mit Liebe begegnete, wurde er von allen geliebt. Sich zu freuen mit den Fröhlichen und zu weinen mit den Weinenden, war seine persönliche Devise.

Jordan von Sachsen über Dominikus

Dominikus
Stifter des Dominikanerordens

Geboren: um 1170

Gestorben: 6.8.1221

Gedenktag: 8. August

Patron der Astronomen, Schneider, Ordenspriester

Kennzeichen/Attribute: Fackel, Hund, Lilie, Maria, Rosenkranz, Stern

GEBOREN WURDE DOMINIKUS um 1170 als Domingo de Guzmán, Sohn eines kastilischen Adligen und Gutsherrn in Caleruega bei Burgos. Als Fünfjähriger kam Dominikus in die Obhut eines geistlichen Onkels, der ihn bis zum 14. Lebensjahr unterrichtete. Dominikus nahm nun das Studium der Freien Künste in Palencia auf. Danach begann er mit dem Studium der Philosophie und Theologie. Während einer Hungersnot verkaufte er seine Bücher, um mit dem Erlös Hungernden zu helfen. 1196 wurde er Kanonikus der Augustiner an der Kathedrale von Burgos und später deren Prior. Er lebte zurückgezogen und kontemplativ.

Zu Beginn des 13. Jahrhunderts begleitete Dominikus seinen Bischof auf Reisen durch Südfrankreich, wo die Albigenser sich nicht der Kirche fügten. Dominikus fiel auf, dass die Führer der Albigenser die Menschen durch ihre asketische Lebensweise und ihr intellektuelles Niveau beeindruckten, was in starkem Kontrast zur Lebensführung und Bildung der katholischen Geistlichkeit stand. Außerdem predigten die Albigenser den einfachen Menschen, was zu dieser Zeit in der katholischen Kirche nicht üblich war.

Aus der Überzeugung heraus, dass Gewalt ein ungeeignetes Mittel zur Glaubensüberzeugung ist,

begann Dominikus das Leben eines Wanderpredigers. Er kombinierte diese Tätigkeit mit einem disziplinierten geistlichen Leben und suchte die albigensische Lehre bestmöglich kennen zu lernen, um in den Diskussionen mit ihnen die überzeugendsten Gegenargumente vortragen zu können. Er gründete ein Frauenkloster, um – wie bei den Albigensern – den Mädchen einen Ort der Ausbildung bieten zu können. Der Erzbischof von Toulouse stellte ihm eine Kirche und ein Haus für eine Mönchsgemeinschaft zur Verfügung.

Als 1208 der päpstliche Legat und Zisterzienser Pierre de Castelnau von den Albigensern ermordet wurde, bot dies den gesuchten Anlass zu einem Kreuzzug gegen die Anhänger. Dominikus beteiligte sich nicht an den Verfolgungen, folgte aber, um in den eroberten Orten zu predigen.

1215 gründete er in Toulouse mit sechs Mitbrüdern eine lokale Kongregation zum Zweck der Verbreitung der katholischen Lehre und Bekämpfung der Ketzerei. Man übernahm die Augustinerregel und passte sie den Bedürfnissen an, z. B. durch die Übernahme der Armut. 1216 wurde der Orden der Prediger, wie die Dominikaner eigentlich heißen, vom Papst anerkannt.

Weil die Bildung im Vordergrund der Ausbil-

WISSENSWERT

dung stand, damit die Ordensbrüder intellektuell gut ausgerüstet in Disputen mit Gegnern bestehen konnten, zog die neue Gemeinschaft Gleichgesinnte an und wuchs rasch. Vier Jahre nach der Gründung bestanden bereits 60 Konvente von Italien bis nach Skandinavien.

Dominikus starb im Alter von 56 Jahren am 6. August 1221 in Bologna nach mehrwöchiger Krankheit – im Bett eines Mitbruders, weil er kein eigenes Bett besaß, und im Ordenskleid eines Mitbruders, weil er kein zweites besaß. Dominikus selbst hat sich nicht an der Inquisition, in der sich sein Orden engagierte, beteiligt; die Inquisition wurde erst 1235, vierzehn Jahre nach dem Tod des Heiligen, eingesetzt.

Als 1227 mit Papst Gregor IX. ein Freund des Verstorbenen auf den Papstthron gelangte, führte dies am 13. Juli 1234 zur Heiligsprechung von Dominikus, als dessen Gedenktag der 8. August bestimmt wurde.

Edith und ihre Freundinnen

Edith Stein – eine Heilige unserer Zeit. Geboren 1891, gestorben 1942, heiliggesprochen 1998. Aber wäre sie überhaupt eine katholische Heilige geworden ohne ihre Freundinnen?

Herbst 1917. Eine junge Frau sitzt im Zug. Nachdenklich schaut sie aus dem Fenster. Die Landschaften, die an ihr vorüberziehen, nimmt sie allerdings gar nicht richtig wahr. Sie ist auf dem Weg zu ihrer Freundin Anna nach Göttingen. Je näher sie der Freundin kommt, desto mehr fürchtet sie diese zu treffen. Angst vor der Freundin? Kann das sein? Nein, es ist keine Angst vor der Freundin selber, sondern Angst vor dem Treffen. Angst, keine Worte zu finden. „Was soll ich ihr bloß sagen?", grübelt die junge Frau. „Wie kann ich sie bloß trösten?" Die Freundin hat nämlich eine schreckliche Nachricht erhalten: Ihr Mann ist tot. Er ist als Soldat im Krieg getötet worden.

Edith, so heißt die junge Reisende, stellt sich vor, wie verzweifelt ihre Freundin Anna nun sein muss. Anna ist ja noch jung, nur 33 Jahre alt. Sie hat doch von einem langen Leben an der Seite ihres geliebten Mannes geträumt. Edith fällt nichts ein, womit sie sie trösten könnte. „Meine Mutter würde ihr vielleicht etwas sagen von den

> **Je dunkler es hier um uns wird, desto mehr müssen wir das Herz öffnen für das Licht von oben.**
>
> Edith Stein

Wegen Gottes, die wir nicht verstehen können", denkt sich Edith. Ihre Mutter ist eine fromme Jüdin. Doch Edith ist es schon als junges Mädchen schwergefallen, an Gott zu glauben. Sie konnte im Glauben keine Wahrheit erkennen. Mit 14 Jahren beschloss sie daher, sich das Beten abzugewöhnen. Nur ihrer Mutter zuliebe geht sie an den hohen jüdischen Feiertagen noch mit zum Gottesdienst in die Synagoge. Doch dort erwartet sie keine Hilfe für ihr Leben. Stattdessen sucht sie die Wahrheit des Lebens in den Schriften der großen Denker und Philosophen. Aber etwas Tröstliches für ihre Freundin und auch für sich selber hat sie dort nicht gefunden.

Ja, ihre Mutter würde wissen, was man einer jungen trauernden Frau sagen könnte. Edith aber fehlen solche Worte. Doch sie will sich auch nicht vor dem Treffen drücken. Anna ist ja eine Freundin!

Göttingen kommt immer näher und das mulmige Gefühl in Ediths Magen wird immer stärker. Die junge Frau überlegt, was sie zur Begrüßung

**Edith Stein
(Theresia Benedikta
vom Kreuz)**

Geboren: **12.10.1891**

Gestorben: **9.8.1942**

Gedenktag: **9. August**

Patronin von Europa

sagen könnte. Oder soll sie Anna einfach stumm umarmen? Und dann steht sie der schwarz gekleideten Freundin gegenüber. Und sie erlebt etwas ganz Unerwartetes. Anna sieht gar nicht verzweifelt und gebrochen aus. Gewiss ist sie sehr traurig. Aber dabei wirkt sie ganz gefasst, so als wäre sie bereits getröstet. Wie kann das sein? Edith versteht die Welt nicht mehr.

Sie bleibt eine Weile bei Anna. Und nach und nach versteht sie. Natürlich ist Anna voller Schmerz, weil ihr Mann tot ist. Aber sie ist sich sicher, dass er jetzt bei Gott lebt. Dieser Gedanke tröstet sie sehr. „Wie kannst du da so sicher sein?“, will Edith wissen. Und Anna erzählt ihr von der frohen Botschaft des christlichen Glaubens. Von Jesus, der Mensch geworden ist. Der für die Menschen gelitten hat. Der am Kreuz gestorben ist. Den Gott von den Toten auferweckt hat. Und der auf diese Weise zum Sieger über den Tod wurde. Dieser Glaube gibt der jungen Frau Hoffnung auf

ein Leben nach dem Tod und auf ein Wiedersehen mit ihrem Mann.

Edith ist tief bewegt. Sie hat vorher schon viel über den christlichen Glauben gehört, aber noch nie hat sie erlebt, dass ein Mensch eine solche Kraft für sein Leben und eine solche Hoffnung aus diesem Glauben schöpft. Sie spürt, dass dieser Glaube für Anna die Wahrheit ist. Und sie versteht nun, warum das Kreuz für die Christen so wichtig ist. Anna hat es ihr mit ihrem Lebensmut mitten in der Trauer gezeigt. Ediths Unglaube zerbricht. In den folgenden Jahren bemüht sie sich, das Christentum mehr und mehr kennen zu lernen. Sie lernt aus Büchern, aber auch von anderen christlichen Freundinnen.

Etwa vier Jahre später, im Sommer 1921. Edith ist für mehrere Monate zu Gast bei ihrer Freundin Hedwig und deren Ehemann Theodor. Sie leben in Bergzabern in der Pfalz und Edith hilft ihnen bei der Obsternte. Eines Abends sind

**Ich weiß, dass ich jemanden
in meiner Nähe habe,
dem ich rückhaltlos vertrauen kann,
und das ist etwas, das Ruhe und Kraft gibt.**

Edith Stein

die Gastgeber nicht zu Hause. Hedwig ist es ein wenig unangenehm, die Freundin allein zu lassen. Vielleicht fürchtet sie, ihr könne langweilig werden. Deswegen führt sie Edith vor den großen Bücherschrank: „Bedien dich!", sagt sie zu Edith, bevor sie geht. „Nimm dir jedes Buch, das du möchtest!"

Edith, die Bücher liebt, lässt sich nicht zweimal bitten. Die große Auswahl ist sehr verlockend. Aber was soll sie nehmen? Sie kann sich gar nicht entscheiden und beschließt, sich überraschen zu lassen. Sie stellt sich vor den Schrank und greift einfach hinein. Ihre Hände erwischen ein dickes Buch und sie zieht es heraus. „Das Leben der heiligen Teresa von Avila, von ihr selbst erzählt", steht vorne auf dem Buch.

Sofort beginnt Edith das Buch zu lesen. Und kann gar nicht mehr aufhören. Sie liest die ganze Nacht. Sie liest, wie Teresa sich bei Gott ganz geborgen fühlte. Sie liest, dass Teresa von Gott wie von einem Freund spricht. Sie liest, wie Teresa durch das Beten Mut und Kraft für ihr Leben bekam. Und immer wieder liest sie von der Liebe Gottes zu den Menschen.

Edith hat in ihrem Leben schon sehr viele Bücher gelesen, aber keines hat sie so berührt wie dieses. Es wird Morgen. Die Sonne geht gerade auf, als Edith das Buch schließt. Ihr ist klar geworden: „Das ist die Wahrheit!" Gott selber ist diese Wahrheit, die Wahrheit, nach der sie in anderen Büchern vergeblich gesucht hat. Hier in dem Buch aus dem Regal ihrer Freundin Hedwig hat sie sie gefunden.

So beschließt Edith mit frohem Herzen, Christin zu werden, und lässt sich am 1. Januar 1922 taufen. Ihre Freundin Hedwig wird Patin. Am nächsten Tag geht Edith zum ersten Mal zur heiligen Kommunion.

Später wird Edith, die sich als Jugendliche das Beten abgewöhnt hatte, sogar in ein Kloster eintreten und als Nonne viele Stunden am Tag beten. Im Kloster wird sie „Teresia Benedicta a Cruce" genannt. Diesen Namen hatte sie sich gewünscht, denn er bedeutet: Teresia, die vom Kreuz Gesegnete. So trägt sie für immer in ihrem Namen die heilige Teresa von Avila und das Kreuz Jesu. Und so ist sie auch für immer verbunden mit ihren beiden Freundinnen: mit Anna, durch die sie das Kreuz Jesu als Zeichen der Hoffnung kennen lernte, und mit Hedwig, bei der sie im Buch der heiligen Teresa die Wahrheit über Gott fand. Wie wichtig doch Freunde und Freundinnen für das Leben sein können!

Petra Klippel

WUSSTEST DU …

EDITH STEIN wurde 1891 in Breslau geboren. Obwohl ihre Eltern Juden waren, wechselte sie 1922 im Alter von 31 Jahren ihren Glauben und wurde Christin, nachdem sie eine Biografie über die heilige Teresia von Avila gelesen hatte. Edith Stein war erst Lehrerin an einer Schule von Dominikanerinnen und setzte sich in dieser Zeit besonders für die Selbstständigkeit von Frauen ein. Danach lehrte sie im katholischen Institut in Münster. Als die Nazis 1933 in Deutschland an die Macht kamen, floh Edith Stein – obwohl sie Christin war – wegen ihrer jüdischen Herkunft in das Kloster der Karmelitinnen und nannte sich nun Teresia Benedicta vom Kreuz. Sie schrieb viele Briefe nach Rom an Papst Pius XI. mit der Aufforderung, sich gegen den Antisemitismus und die Ausschreitungen gegen Juden zu äußern. Fünf Jahre später, 1938, wurde sie aber von der Priorin, der Vorsteherin des Klosters, an die Nazis verraten, weshalb sie in ein niederländisches Kloster floh. Im August 1942 wurde sie dort von den Nazis, die die Niederlande inzwischen besetzt hatten, verhaftet und in das KZ Auschwitz verschleppt. Dort starb sie zwei Tage nach ihrer Verhaftung. Edith von Stein wird von der Kirche als Heilige und als Märtyrerin verehrt.

HIMMELSWEGE ZEIGT MIR …

Eine ganz besondere Heilige …

„… ist für mich Edith Stein, die in einer streng jüdischen Familie aufwuchs und zur katholischen Kirche übertrat. Sie führte ein nach Christlichkeit strebendes Leben und ist wegen ihrer heldenhaften Opferbereitschaft in Auschwitz ein Vorbild für mich.

Peter Werner,
Mitglied der Kölner Band
„Höhner"

Klara – eine besondere Frau

Wenn von Klara von Assisi die Rede ist, heißt es oft, sie sei eine besondere Frau gewesen. Aber was war das Besondere an ihr? Das kann man aus unterschiedlichen Blickwinkeln sehen.

Die Leute im italienischen Assisi, wo Klara 1193 geboren wurde, haben über das Kind vermutlich zuerst einmal gesagt: „Klara ist aus einer besonders wichtigen Familie." Ihr Vater gehörte nämlich zu den mächtigsten Männern der Stadt. Das Mädchen wuchs daher im Wohlstand auf: Diener und Dienerinnen sorgten für das Wohlergehen der Familie, das Kind trug teure Kleider und bekam gutes Essen.

Eine besondere Ehefrau sollte sie werden, so der Wunsch der Eltern. Sie hielten schon Ausschau nach einem reichen Mann aus gutem Hause. Dem wollten sie die hübsche Tochter gerne zur Frau geben, damit sie ein zufriedenes Leben als Hausherrin und Mutter führen konnte. Doch Klara wollte das nicht. In ihr wuchs die Entschlossenheit, ein ganz anderes Leben zu führen.

Klara hatte nämlich Franziskus kennen gelernt, der ebenfalls aus Assisi stammte. Auch er kam aus vornehmen Elternhaus, und er hatte sich von seiner Familie losgesagt, um Gott in Ar-

mut und Demut zu dienen und so wie Jesus zu leben. Klara war fasziniert von seinen Predigten und seinem Lebensstil. Und sie ließ sich von diesem Vorbild anstecken.

Da sie wusste, dass ihre Eltern andere Pläne mit ihr hatten, verließ sie heimlich ihr Zuhause. Franziskus unterstützte sie dabei. Als Zeichen, dass jeder äußere Prunk keinen Wert hat, schnitt er der jungen Frau die schönen langen Haare ab und zog ihr ein raues, einfaches Gewand an. Dann begleitete er sie in ein Kloster.

Ihre Familie hielt zunächst gar nichts von ihrem Entschluss und versuchte auf alle mögliche Weise, sie wieder zurückzuholen. Doch Klara blieb standhaft. Sie hatte ihr ganzes Leben Gott zur Verfügung gestellt.

Franziskus half ihr erneut und sie konnte ein eigenes Kloster in Assisi gründen: San Damiano. Dort führte sie ein Leben in Gebet und Arbeit, Armut und Buße. Darin sahen immer mehr junge Frauen etwas Besonderes, sie wollten ebenfalls auf diese Weise leben. Und so entstand

**Unser Herr sei mit dir zu allen Zeiten,
und gebe Gott, dass du allezeit
mit ihm seiest.**

Aus dem Segen der heiligen Klara

Klara von Assisi

Ordensgründerin

Geboren: um 1193

Gestorben: 11.8.1253

Gedenktag: 11. August

Patronin von Assisi, Patronin der Glaser, Blinden, Stickerinnen

Kennzeichen/Attribute: Lampe, Monstranz, Kreuz, Lilie

eine Gemeinschaft. Um das Zusammenleben zu organisieren, schrieb Klara eine Regel für den Orden, der bis heute besteht („Klarissenorden"). Auch dies ist etwas Besonderes, denn bis zu dieser Zeit hatten immer nur Männer solche Ordensregeln formuliert.

Auch wenn es Klara vor allem darum ging, dem Herrn im Verborgenen zu dienen, so tat sie auch für die Menschen in ihrer Umgebung besondere Dinge: Sie heilte Kranke, sprach mit Menschen über deren Probleme und Zweifel und vertrieb Feinde der Stadt.

Und was mag Klara selbst über ihr Leben gesagt haben? Vielleicht dies: „Ich fühlte mich von Gott besonders geliebt, und ich habe mich bemüht, dieser Liebe mit meinem Leben zu antworten."

Petra Klippel

Wer sein Leben hingibt

Es gibt Menschen, vor denen muss man sich verneigen. Es gibt aber auch Geschehnisse, die uns bis tief in die eigene Seele hinein erschüttern: Augenblicke und Zeiten, in denen Menschen für andere zu Bestien werden.

So ein Augenblick war ein heißer Sommertag im Jahr 1941. Es war drückend schwül im Konzentrationslager in Auschwitz. Ein Gewitter lag in der Luft. In Auschwitz wurden Gefangene hinter Stacheldrahtzäunen festgehalten und auf grausame Weise umgebracht. Oft standen diese Zäune sogar unter Strom und töteten jeden, der sie auch nur leicht berührte. Trotzdem war einem Häftling bei einem Ernteeinsatz die Flucht gelungen. Der Lagerführer schäumte vor Wut. Alle 800 Gefangenen von Block 14 mussten antreten. Jetzt standen sie schon neun Stunden in der prallen Sonne – ohne Frühstück, ohne Mittagessen, ohne Wasser.

Um die Menschen noch besonders zu quälen, zeigten die Aufseher ihnen einen großen Kübel mit duftender Suppe. Den schütteten sie grinsend ganz, ganz langsam vor aller Augen in eine Abwasserrinne. Wer ohnmächtig vor Hunger umfiel, der wurde erbarmungslos verprügelt.

Abends ist der Lagerführer Fritsch immer noch wütend, weil der Flüchtling nicht gefunden werden konnte. Deshalb hat er sich etwas Furchtbares ausgedacht: Zehn unschuldige Menschen sollen für den Geflohenen sterben. Sie sollen in einen einzigen Raum gesperrt werden, ohne

Maximilian Kolbe

Ordensmann, Priester, Märtyrer

Geboren: 7.1.1894

Gestorben: 14.8.1941

Gedenktag: 14. August

Patron der Journalisten und Funkamateure

Nahrung, ohne Licht, ohne Luft. Wie ein Rachegott schreitet Fritsch die Reihen ab und wählt willkürlich zehn Männer aus. Einer davon weint fürchterlich laut und zu Herzen gehend um seine Frau und seine Kinder. Der Mann heißt Franz Gajowniczek. Er weiß, dass er seine Familie nie wiedersehen wird.

Da schiebt sich eine ausgemergelte Gestalt durch die Reihen, der polnische Pater Maximilian Kolbe, ein Sträfling mit der eingebrannten Nummer 16670. Und er sagt zu dem Lagerführer mit dem Bulldoggengesicht: „Ich bin ein Priester. Ich möchte für den da sterben. Ich bin allein, und der hat Frau und Kinder."

**Was für ein Glück verlangt der Mensch?
Er will ein Glück, das unbegrenzt ist in allem.
So ein Glück ist nur Gott.**

Maximilian Kolbe

Der Lagerführer ist überrascht. Dann sagt er spöttisch und leicht belustigt zu seinem Adjutanten: „Wohl verrückt geworden, der Polack …?" und fügt brummend hinzu: „Einverstanden!"

So stirbt Pater Maximilian Kolbe mit 47 Jahren im Hungerbunker von Auschwitz für einen Familienvater, zusammen mit den anderen Neun. Sein Todestag ist der 14. August. Franz Gajowniczek aber, der Familienvater, überlebt und wird am 27. Januar 1945 aus dem Lager befreit.

Noch heute ist der Boden der Todeszelle jeden Tag mit Blumen bedeckt.

Jesus hat einmal gesagt: „Es gibt keine größere Liebe, als wenn einer sein Leben hingibt für seine Freunde." Pater Maximilian Kolbe hat im Hungerbunker von Auschwitz sein Leben hingegeben für einen polnischen Familienvater.

Bei der Heiligsprechung durch Papst Johannes Paul II. im Jahr 1982 war auch Franz Gajowniczek mit dabei. Seine beiden Söhne aber waren ebenfalls umgebracht worden.

Willi Hoffsümmer und Matthias Micheel

WISSENSWERT

AM 7. JANUAR 1894 wurde Rajmund Kolbe in Zdunska Wola (damals Russland, heute Polen) in einer Arbeiterfamilie geboren. Nach einer Marienerscheinung trat Rajmund Kolbe am 4. September 1920 in den Franziskanerorden ein, ebenso sein Bruder Franz, der den Orden jedoch nach einiger Zeit wieder verließ. Rajmund Kolbe nahm den Ordensnamen Maksymilian Maria an. Von 1912 bis 1919 studierte Kolbe in Rom und wurde 1918 in Rom zum Priester geweiht.

Mit anderen Franziskanern gründete er die katholische Organisation „Militia Immaculata" (= Soldaten der Unbefleckten [Jungfrau Maria]). Jugend- und Pressearbeit, verbunden mit einer starken Marienverehrung, waren Gegenstand der pastoralen Arbeit. Kolbes marianische Spiritualität hatte ihren Kern in der Vorbildhaftigkeit Marias, die für ihn als „Magd des Herrn" die Hingabe des Menschen an

Gott vollkommen verkörperte. 1922 gründete er die katholische Zeitschrift „Rycerz Niepokalanej" (= Ritter der Unbefleckten Jungfrau). 1927 gründete er in Teresin (bei Warschau) das Kloster „Niepokalanów", gleichzeitig Missionszentrale und Pressehaus, das bis heute besteht. Von 1930 bis 1936 bereiste Kolbe als Missionar Japan, wo er weitere Klöster und Druckereien gründete und für seine Missionstätigkeit auch den Funk einsetzte. Nach seiner Rückkehr baute er Niepokalanów weiter aus.

Nach dem Einmarsch der Deutschen in Polen war die Stadt besetzt. Maximilian Kolbe scheint – wie die Mehrzahl seiner polnischen Zeitgenossen – zunächst kein Judenfreund gewesen zu sein. Er forderte in seinen Zeitschriften die Emigration der Juden aus Polen. Als er im Dezember 1939 mit vierzig Ordensbrüdern von der Gestapo verhaftet wurde, kam er schon bald wieder auf freien Fuß. Aber am 14. Februar 1941 wurde er erneut festgenommen: weil er in Niepokalanów mehreren Juden und anderen Zuflucht gewährt hatte. Unklar ist das Motiv dafür und die Antwort auf die Frage, ob er seine antisemitische Grundeinstellung geändert hatte.

Vom Warschauer Zentralgefängnis wurde er im

Mai in das KZ Auschwitz-Birkenau verlegt. Als dort am 29. Juli 1941 zehn Inhaftierte als Vergeltung für die nur vermutete Flucht eines Mitgefangenen (dessen Leiche später in der Latrine gefunden wurde, wo er ertrunken war) aussortiert und zum Tode verurteilt wurden, bot er sich zum Austausch für einen an, der laut wehklagte um seine Frau und seine zwei Söhne. Für den Katholiken Franciszek Gajowniczek ließ Pater Kolbe sich in den berüchtigten „Hungerbunker" einsperren. Er feierte dort mit seinen Leidensgenossen Gottesdienste und stärkte sie. Am 14. August, etwa zwei Wochen nach seinem „Wegschluss", wurden er und drei weitere Verurteilte, die noch nicht gestorben waren, durch eine Phenolspritze ermordet. Gajowniczek überlebte Auschwitz-Birkenau und starb 1995 93-jährig.

Pater Maximilian Kolbe wurde 1971 von Papst Paul VI. unter Teilnahme von hunderttausenden Polen, die nur zu diesem Zwecke hatten ausreisen dürfen, seliggesprochen und von Papst Johannes Paul II. 1982 zum Märtyrer erklärt und heiliggesprochen. Papst Benedikt XVI. hat 2006 bei seinem Polenbesuch in der Todeszelle Kolbes in Auschwitz-Birkenau gebetet.

HIMMELSWEGE ZEIGT MIR …

Ein ganz besonderer Heiliger …

… ist für mich der polnische Franziskaner Maximilian Kolbe, der 1941 im Konzentrationslager Auschwitz anstelle eines Familienvaters freiwillig in den Tod ging. Der Lagerkommandant hatte willkürlich zehn Häftlinge ausgewählt. Sie sollten als Strafe für die angebliche Flucht eines anderen Häftlings einen langsamen, qualvollen Tod sterben, darunter der zweifache Familienvater Franciszek Gajowniczek. Der 47-jährige Maximilian Kolbe bot den eigenen Tod im Austausch für dessen Leben. Er wurde als „Märtyrer der Versöhnung" 1982 heiliggesprochen.

Norbert Lammert, Präsident des Deutschen Bundestages

Tarsitius beweist Mut

Der Gottesdienst war zu Ende. Salus, der Gemeindevorsteher, segnete die Christen, die sich in dem dunklen Gang versammelt hatten. Tarsitius wollte nach Hause. Es war schon spät. Da winkte ihn Salus noch einmal zu sich. „Kannst du heute Lydia noch das heilige Brot bringen?", fragte er und hielt ihm das feine Einschlagtuch mit der Hostie hin.

Am liebsten hätte Tarsitius „Nein" gesagt, denn er hatte Angst. Seitdem der Kaiser die Christen als Staatsfeinde beschimpft hatte, war es gefährlich auf den Straßen Roms geworden. Immer wieder waren sie angepöbelt und überfallen worden.

Tarsitius wusste, dass Lydia auf das heilige Brot wartete. Sie war alt und konnte die heimlichen Versammlungen nicht mehr besuchen. Aber sie hatte große Sehnsucht danach, die Gemeinschaft der Christen zu spüren. Die Hostie, die die Kinder brachten, war ihr das Zeichen dafür, dass sie nicht allein war und sie zu Christus gehören durfte. Salus hatte die Kinder für diesen Dienst eingesetzt, weil niemand ihnen besondere Aufmerksamkeit schenkte. Aber jetzt war auch für sie diese Aufgabe nicht mehr harmlos.

„Ist gut, Salus", sagte Tarsitius, „ich tu's." Salus merkte das Zögern in Tarsitius' Stimme. „Danke, Tarsitius", antwortete er, „du bist ein guter Junge." Er gab ihm das kostbare Tuch, in das das heilige Brot eingeschlagen war, und segnete ihn. Tarsitius lugte vorsichtig ins Freie. Als er sah, dass die Luft rein war, rannte er quer über den Marktplatz in die Via Rosa. Von dort war es nicht weit bis zu dem Gässchen, an dessen Ende

Tarsitius (Tarsicius, Tarcisius)
Märtyrer
Geboren: unbekannt
Gestorben: 2. Hälfte des 3. Jhs.
Gedenktag: 15. August
Patron der Ministranten, Arbeiter
Kennzeichen/Attribut: Hostie

Stella wohnte. Sie hatte in ihrem Zimmer eine Geheimtreppe, über die er unbemerkt in Lydias Wohnung gelangen konnte. Schon war Tarsitius an der Ecke zu der Gasse angelangt, er bog ab.

„He, nicht so eilig!" Tarsitius prallte zurück. Vor lauter Eile war er einem jungen Mann direkt in den Bauch gerannt. Der baute sich groß vor ihm auf und hielt ihn fest.

„Entschuldigung", murmelte Tarsitius, „ich hab Euch nicht gesehen." Doch der Kerl ließ ihn

WUSSTEST DU …

TARSITIUS GILT ALS der Patron der Ministranten und Ministrantinnen (Messdiener). Seine Figur ist vorwiegend legendären Charakters. Er soll als im 3. Jahrhundert den Christenverfolgungen in Rom zum Opfer gefallen sein, als man ihn auf der Straße unterwegs mit der Krankenkommunion entdeckte und tötete. Tarsitius gilt als römischer Märtyrer. Sein Grab wird in der Kalixtus-Katakombe an der Via Appia in Rom angenommen.

Peter Hahnen

nicht los. Zwei weitere Männer traten hinzu. „Was meint ihr?", fragte der erste sie. „Dafür dass er mir so wehgetan hat, muss er schon ein kleines Schmerzensgeld zahlen, nicht?" Die beiden Kumpane grinsten. Sie packten Tarsitius bei den Schultern, während der Anführer ihn durchsuchte. „Nicht das Tuch mit der Hostie", dachte Tarsitius noch, da hatte es der Kerl schon aus der Tunika gezogen. „Nein", schrie Tarsitius, „das darfst du nicht nehmen!" Einer der Kerle gab ihm einen Tritt. Der Anführer betrachtete den aufgestickten Fisch auf dem

feinen Tuch und verzog das Gesicht. „Wisst ihr was", sagte er, „wir haben einen besonderen Fang gemacht. Der Kleine ist ein Christ!" Und er warf die Hostie auf den Boden. Tarsitius versuchte sich loszureißen. Er wollte das heilige Brot schützen, aber er konnte nicht entkommen. Da begannen die drei Kerle auch schon auf ihn einzuschlagen. Sie stießen ihn zu Boden. Tarsitius streckte seine Hände nach dem Brot aus. Da traf ihn ein Stein am Kopf. „Jesus, bleib bei mir", dachte er, als ihm das Blut übers Gesicht rann. Als die drei Männer von ihm abließen, rührte sich Tarsitius nicht mehr. Sie liefen davon.

Eine Tür am Ende des Gässchens öffnete sich. Eine Frau schlich zu dem reglosen Jungen. „Tarsitius", flüsterte sie, „mein Junge, was haben sie dir getan!" Als sie merkte, dass Tarsitius tot war, nahm sie das Brot aus dem Straßenstaub und legte es in seine Hände. „Du hast alles getan, was du tun konntest", sprach sie. „Du hast dein Leben hingegeben für deine Freunde. Friede sei mit dir."

Peter Hahnen

Engel der Liebe

"Mutter, schau, die arme Frau mit dem kleinen Kind auf dem Arm! Sie bettelt! Sicher haben sie Hunger. Das Kind ist so mager. Bitte, schenk ihr Geld für Essen." Die kleine Agnes, Tochter des Bauunternehmers Gonxha Bojaxhiu, zieht ihre Mutter an den Straßenrand, wo die Bettlerin steht.

Die Mutter legt eine Münze in die ausgestreckte Hand der armen Frau. Über die Wangen der kleinen Agnes laufen Tränen. Mit allen armen Leuten in ihrer Heimatstadt Skopje im damaligen Albanien leidet sie mit, sie fühlt sich zu ihnen hingezogen und will helfen. Als sie weitergehen, seufzt die Mutter und sagt: "Ach, mein Kindchen, was wird wohl einmal aus dir werden? Du kannst doch nicht alles Leid der Welt lindern." Doch die kleine Agnes hat schon einen Plan. "Vielleicht werde ich Klosterschwester", sagt sie leise und drückt die Hand ihrer Mutter.

In diesem Leben können wir keine großen Dinge tun. Wir können nur kleine Dinge mit großer Liebe tun.

Mutter Teresa

Und ihr Wunsch erfüllt sich. Mit 18 Jahren tritt Agnes Gonxha Bojaxhiu in den Orden der Karmelitinnen ein. Als Ordensnamen wählt sie "Teresa", nach der kleinen heiligen Thérèse von Lisieux. Diese Heilige ist das große Vorbild der jungen Ordensschwester. Wie sie will sie den "kleinen Weg" gehen, den die Heilige vorgelebt und beschrieben hat: das Alltägliche in Liebe tun! Und sie weiß, dass man es auch mit kleinen Mitteln erreichen kann: mit einem Lächeln statt mit missmutigem Gesicht, mit einem lieben Wort statt mit Schweigen, mit Freundlichkeit gegenüber jedermann und mit Gelassenheit gegenüber den Fehlern anderer.

Der Orden schickt Teresa zum ersten Einsatz nach Indien. Hier soll sie die Prüfungszeit für das Klosterleben verbringen. Teresa arbeitet als Lehrerin und später als Leiterin einer Schule in der Großstadt Kalkutta. Diese Schule wird von Töchtern wohlhabender Eltern besucht. Teresa spürt bald, dass sie zu anderem berufen ist. "Das kann doch nicht die Aufgabe sein, zu der mich der Herr erwählt hat", denkt sie immer wieder.

Und eines Tages weiß sie es ganz genau: "Ich muss zu den Armen, zu denen, die große Not leiden; da gehöre ich hin!" – Arme Menschen gibt es in Kalkutta in Hülle und Fülle. So tritt sie eines Tages vor ihre Mutter Oberin und sagt: "Gott hat mich gerufen, ich will die Gemeinschaft der Karmelitinnen verlassen."

"Dann wirst du aber einen anderen Orden gründen müssen", warnt die Priorin. Dazu ist

Teresa bereit, und sie nennt die neue Gemeinschaft „Missionarinnen der Nächstenliebe". Sie zieht das alte Ordenskleid aus, schlüpft in einen weißen Sari mit blauer Borte – das Kleid der Armen in Indien – und begibt sich mit einigen Gefährtinnen in die schlimmsten Elendsviertel der Stadt. Kalkutta ist eine große Stadt mit schönen Wohnvierteln, in denen reiche Leute leben. Aber noch viel größer sind die Bereiche, in denen die Besitzlosen, die Zugewanderten, die Obdachlosen

Mutter Teresa
Ordensgründerin

Geboren: 27.8.1910

Gestorben: 5.9.1997

Gedenktag: 5. September

WISSENSWERT

AGNES GONXHA BOJAXHIU, wie Mutter Teresa bürgerlich hieß, wurde am 27. August 1910 in Skopje, heute Hauptstadt von Mazedonien, geboren. Gonxha (persischstämmiges Wort für „Blütenknospe") wuchs in einer behüteten, wohlhabenden albanisch-katholischen Familie auf und besuchte die katholische Mädchenschule in Shkodra. Sie war zehn Jahre alt, als ihr Vater plötzlich starb. Gonxha wurde noch religiöser, als sie bereits war, und entschied sich im Alter von zwölf Jahren für ein Leben als Ordensfrau. Sie ging ihren Weg konsequent und bat als 18-Jährige um die Aufnahme in den Loreto-Orden, der sich besonders im Unterricht in Bengalen/Indien engagierte. Zunächst wurde die junge Ordensfrau aber in die Ordenszentrale nach Irland gerufen. Aber noch im Jahr 1928 reiste sie nach Indien und legte in Kalkutta ihr erstes Gelübde ab. Für 17 Jahre unterrichtete sie dann an der St. Mary's School in Kalkutta – erst als Lehrerin, dann als Direktorin.

1946 spürte sie die „göttliche Berufung", den Armen zu helfen. Zwei Jahre später erhielt sie die Erlaubnis, den Orden zu verlassen; Mutter Teresa wurde exklausiert – sie durfte den Orden verlassen und dabei Ordensfrau bleiben. Mutter Teresa lebte von da an unter den Ärmsten in den Slums von Kalkutta und erhielt den Beinamen „Saint of the Gutters".

1948 nahm Mutter Teresa die indische Staatsbürgerschaft an und gründete 1950 den – später

vom Papst anerkannten – Orden der „Missionarinnen der Nächstenliebe". Neben Ehelosigkeit, Armut und Gehorsam verpflichten sich die Ordensangehörigen zur Pflege der Sterbenden, Waisen und Kranken. Mutter Teresa pflegte vor allem Leprakranke. Mehr als 3.000 Ordenschwestern und über 500 Or-

densbrüder arbeiten heute in 710 Häusern in 133 Ländern dieser Welt. Bis 1997 amtierte Mutter Teresa als Generaloberin.

Wenn Mutter Teresa wegen der mangelnden medizinischen Ausbildung ihrer Mitschwestern und Mitbrüder angegriffen wurde, hielt sie entgegen: „Die Treue im Glauben ist wichtig." Weltweit engagierte sie sich im Engagement gegen die Abtreibung und für das Papsttum. Mit Johannes Paul II. verband sie eine herzliche Freundschaft.

Das Engagement der kleinen Ordensfrau wurde nicht nur weltweit bekannt, sondern auch weltweit anerkannt. Mutter Teresa erhielt zahlreiche Ehrungen und Preise. Die wichtigsten waren der Friedenspreis des Papstes 1971 (Mutter Teresa war die erste Trägerin dieses Preises), der Balzan-Preis für Humanität, Frieden und Brüderlichkeit unter den Völkern 1978, der Friedensnobelpreis 1979 und die amerikanische Freiheitsmedaille 1985.

Wenige Tage nach dem Tod der englischen Prinzessin Diana, mit der sie gut befreundet war, starb der „Engel der Armen" am 5. September 1997. Unter großer Anteilnahme der Weltöffentlichkeit und weltweit durch das Fernsehen übertragen, wurde sie in Kalkutta begraben. Am 19.10.2003 wurde sie von Papst Johannes Paul II. seliggesprochen. Ihr Todestag ist Gedenktag. In Albanien wird der Tag der Seligsprechung von Mutter Teresa als Nationalfeiertag begangen. Behörden und Schulen bleiben geschlossen. Die albanische Regierung hat einen Mutter-Teresa-Orden gestiftet und im Jahr 2003 den Flughafen von Tirana anlässlich ihrer Seligsprechung nach Mutter Teresa benannt.

hausen. Hier sind die Leute so arm, wie man es sich kaum vorstellen kann. Sie haben keine Wohnung, sondern hausen einfach auf den Straßen, in Erdlöchern oder in großen Pappkartons. Scharen von Ratten tummeln sich hier. Hunger und Krankheiten gehören zum Alltag. Und jeden Tag bleiben viele Menschen am Morgen kraftlos liegen – sie sind zu schwach, um aufzustehen, oder sie sind während der Nacht gestorben. Viele sind ganz einfach verhungert.

„Hierher gehöre ich", sagt Teresa. Jeden Morgen steht sie ganz zeitig auf und sagt zu ihren Mitschwestern: „Heute ist ein guter Tag. Ich habe für jeden, der Hunger hat, eine Schale Reis und für die Kranken Medikamente." – „Woher nimmst du es?", fragen die Schwestern, denn sie wissen, dass kein Geld da ist. – „Ich habe es erbettelt", sagt Teresa stolz. Und sie eilen zu den Kranken und Hilflosen. Sie verbinden Wunden, waschen die Sterbenden. Oft kann auch Teresa nicht mehr helfen. Sie nimmt dann die Todgeweihten an der Hand, streichelt und liebkost sie und flüstert ihnen zu: „Du bist nicht einsam und verlassen. Ich bin bei dir, ich hab dich lieb." Die Armen, vom Leben Ausgestoßenen, sagen zu Teresa „Mutter" und nennen sie „Engel der Liebe".

Die neuen Schwestern – bald sind es mehrere hundert – tragen alle den weißen Sari mit den blauen Borten. In Europa, wo es viel kälter ist als in Indien, haben sie selbstverständlich auch einen Mantel und Schuhe. Sonst besitzen sie aber kaum etwas. Alles, was sie an Spenden erhalten,

ist für die Ärmsten der Armen bestimmt. Keine der Schwestern hat mehr als die Armen, für die sie da sind.

Auch Mutter Teresa besitzt nur einen zweiten Sari zum Wechseln, ein paar Sandalen, eine Decke, einen Kübel zum Wasserholen und einen Blechteller. Als Nahrung genügt ihr eine Schale Reis pro Tag: „Ich habe genug zum Leben, mehr brauche ich nicht."

Elfriede Prskawetz

Mutter Teresa, Engel der Armen

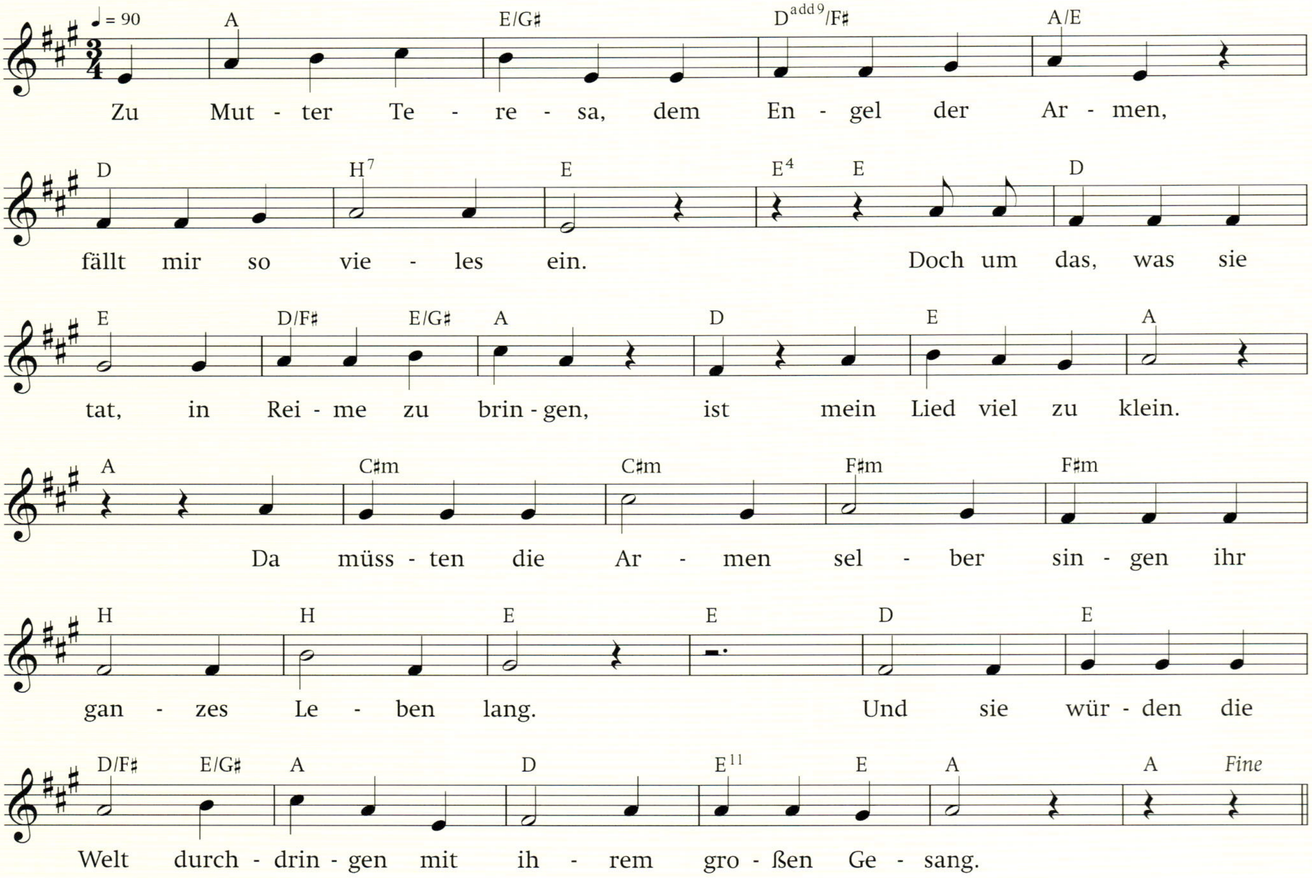

Zu Mut - ter Te - re - sa, dem En - gel der Ar - men,

fällt mir so vie - les ein. Doch um das, was sie

tat, in Rei - me zu brin - gen, ist mein Lied viel zu klein.

Da müss - ten die Ar - men sel - ber sin - gen ihr

gan - zes Le - ben lang. Und sie wür - den die

Welt durch - drin - gen mit ih - rem gro - ßen Ge - sang.

1. Weil Chris - tus sagt: Nimm dich des Nächs - ten an, wenn's kei - nen
2. Dein Tun war ein Trop - fen im O - ze - an von E - lend,
3. Dein Weg führt durch Ar - mut, durch Not und Leid, was je - der
4. Du hat - test nur dein schlich - tes Or - dens - kleid und dien - test

gibt, der ihn liebt. Denn was du ihm tust, hast du
Ge - walt und Leid. Doch was in dir brennt, das steckt
sonst ü - ber - sah. Wenn Chris - tus dich rief, warst du
hier schwes - ter - lich. Und Gott ließ dich wir - ken in

mir ge - tan, der dich un - be - schreib - lich liebt.
vie - le an. Sie sind auch zum Lie - ben be - reit.
stets be - reit. Und du warst für je - den da.
uns - rer Zeit und hol - te dich heim___ zu sich.

© 2008 by Robert Haas Musikverlag, 87439 Kempten, www.robert-haas.de.
Text: Rolf Krenzer, Musik: Robert Haas

Hildegard, Wigbert und die müden Füße

Habe ich dir eigentlich schon mal von meiner Freundin Hildegard erzählt? Nicht? Dann muss ich das jetzt unbedingt nachholen. Hildegard lebt in Bingen in einem Kloster, das sie selbst gegründet hat. Es liegt auf dem Rupertsberg.

Man hat von dort oben eine wunderbare Aussicht auf den Rhein und die Nahe, die beiden Flüsse, die dort fließen. Ein Fluss war im Mittelalter das, was heute eine Autobahn ist. Viele Menschen nutzten die Flüsse, um schnell und ohne Blasen an den Füßen von A nach B zu kommen. Klar, ist ja auch viel bequemer, auf einem Schiff zu sitzen, als mühsam über Stock und Stein zu laufen. Und ich weiß, wovon ich spreche, denn als ich das erste Mal zu Hildegard unterwegs war, führte mich mein Weg nicht bequem an einem Fluss entlang. Leider waren meine Füße überhaupt nicht daran gewöhnt, so weit zu laufen. Bisher war das ja auch nicht nötig, denn als Mönch in meinem Kloster in Gembloux in Frankreich hatte ich eher Schwielen an meinem ... ähh, also dort, wo ich draufsitze, als an den Füßen. Meine Aufgabe ist es nämlich, Bücher abzuschreiben. Jeden Tag sitze ich im Skriptorium, dem Raum für unsere Schreiber, und male sorgfältig Buchstaben für Buchstaben auf das Pergament. Auf diese Weise lernt man viel von der Welt kennen. Man reist

> **Der Himmel auf Erden ist überall, wo Menschen von Liebe zu Gott, zu ihren Mitmenschen und zu sich selbst erfüllt sind.**
>
> Hildegard von Bingen

sozusagen im Kopf in ferne Länder und sogar in die Vergangenheit, erfährt die spannendsten Geschichten und lernt interessante Leute kennen. Wusstest du zum Beispiel, dass ganz weit weg von uns Menschen mit Hundsköpfen leben? Oder hast du schon mal von den Kopffüßlern gehört, die am anderen Ende der Erde wohnen und ihren riesigen Fuß wie einen großen Schirm über sich halten? Davon habe ich gelesen, ich bin aber nicht sicher, ob der Autor sich das nicht bloß ausgedacht hat. Ich habe solche Wunderwesen jedenfalls noch nicht gesehen. Eines Tages lernte ich beim Bücherabschreiben auch Hildegard kennen. Und was sie erzählte, fand ich so spannend, dass ich mein ruhiges Plätzchen am Schreibpult verlassen habe und quer durch zwei Länder gelaufen bin, um sie persönlich kennen zu lernen.

Meinem Abt habe ich erzählt, dass Hildegard mich eingeladen hat. Das war nicht ganz die Wahrheit, aber ich habe mir gedacht, vielleicht möchte sie mich genauso gern kennen lernen wie ich sie, und deshalb habe ich ein bisschen ge-

Hildegard von Bingen

Klostergründerin, Dichterin, Naturwissenschaftlerin

Geboren: **um 1098**

Gestorben: **17.9. 1179**

Gedenktag: **17. September**

Patronin **der Sprachforscher und Naturwissenschaftler**

Kennzeichen/Attribute: **Bote, Brief, Kamm, Turm**

schummelt. Als ich auf dem Rupertsberg ankam, waren meine Füße voller Blasen und haben fürchterlich wehgetan. Deshalb war es ein Glück, dass es in Benediktinerklöstern üblich ist, den Gästen die Füße zu waschen, wenn sie ankommen. Du weißt ja vielleicht, dass Jesus das für seine Jünger auch getan hat. Jesus wollte seinen Jüngern damit zeigen, dass sie füreinander da sein und sich nicht für etwas Besseres halten sollen. Ich wurde also von Schwester Hiltrud, die an der Pforte saß, gleich in die Krankenstation geführt, denn sie hatte genau gesehen, wie mühsam ich das letzte Stück den Berg hinaufgehumpelt war. Auf dem Weg zeigte sie mir stolz die Gebäude. Und stell dir vor, die Nonnen hatten selbst daran mitgearbeitet. Das war ganz schön ungewohnt, denn vorher mussten sie natürlich keine so schweren Arbeiten verrichten. Vom Bücherschreiben, Kräuterziehen und Altartüchersticken können einem zwar auch ganz schön die Hände wehtun, aber ein Haus zu bauen, Mörtel anzurühren und

schwere Steine zu schleppen, ist doch eine ganz andere Sache. Manche Nonnen waren deswegen sehr ärgerlich geworden. Und weißt du, was Hildegard da gemacht hat? Sie hat ein Theaterstück mit Musik geschrieben und es mit den Nonnen eingeübt. Darin geht es darum, wie man die Kräfte, die Gott uns gegeben hat, gut einsetzt. Das war ganz schön pfiffig von ihr, finde ich.

Inzwischen waren wir in der Krankenstation angekommen, und weißt du, wer mir da die Füße wusch und eine heilende Salbe auf die rot entzündeten Stellen strich? Keine andere als Hildegard! Sie war genauso liebenswürdig, wie ich es mir vorgestellt hatte, und freute sich sehr über meinen Besuch. Während sie meine Füße mit Leinenbinden umwickelt hat, erzählte sie mir, dass sie im Moment viel Zeit im Garten und auf

der Krankenstation verbrachte. Das kam, weil sie keinen Sekretär mehr hatte, der ihr dabei half, ihre Bücher zu schreiben. Na ja, du kannst dir ja vorstellen, dass ich ganz große Ohren bekam, als ich das hörte. Und ich habe keine zwei Minuten damit gewartet, ihr vorzuschlagen, dass ich doch ihr neuer Sekretär werden könnte. Da waren wir beide riesig froh, denn so gern Hildegard Kräutersalben anrührte, so gern wollte sie auch ihre Bücher weiterschreiben. Und genau das haben wir beide dann auch getan. Ganz nebenbei habe ich auf dem Rupertsberg auch etwas über Salben gelernt. Falls du nun wissen willst, wie man eine Kamillenblütensalbe anrührt, verrate ich dir das Rezept.

Barbara Stühlmeyer

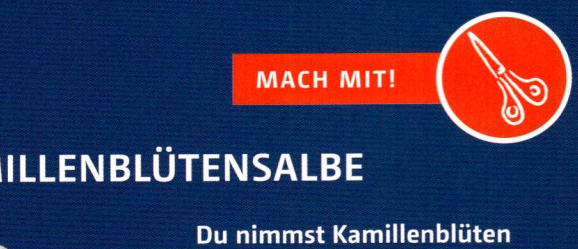

MACH MIT!

KAMILLENBLÜTENSALBE

Du nimmst Kamillenblüten und vermischst sie in einem Mörser mit Honig und gutem Olivenöl. Dann tust du sie wie ein Pflaster auf deine Blase und verbindest deinen Fuß mit einer Leinenbinde. Du wirst staunen, wie schnell du wieder auf die Füße kommst!

HIMMELSWEGE ZEIGT MIR ...

Eine ganz besondere Heilige ...

... ist für mich Hildegard von Bingen. Zu ihr habe ich schon deshalb einen tiefen Bezug, weil ich unweit einer ihrer Wirkungsstätten, dem leider zerstörten Kloster Rupertsberg zu Bingerbrück, meinen privaten und beruflichen Lebensmittelpunkt gefunden habe. Für mich war sie ein „Multitalent", das mit Gottvertrauen und Charisma ihre philosophischen und theologischen Visionen – allen Widerständen zum Trotz – zum Wohl der Menschen durchgesetzt hat. Die Bedeutung des Menschen in seiner Ganzheit, als Mittelpunkt zu allem von Gott Geschaffenen, hat sie immer wieder betont. Der Mensch ist vernetzt mit der ganzen Schöpfung, seine Entscheidungen wirken sich auf Mensch, Sache und Welt aus. Auch in unserer heutigen Zeit ist das ein bedeutendes Thema, an das wir uns immer wieder erinnern sollten. Der Einklang von Leib und Seele, das gleichzeitige Ablehnen von Askese und Maßlosigkeit, beschreibt sie in ihrer Heilkunde, die weit mehr ist als ein Kräuterlexikon. Heilung meint für sie: „Wiederherstellung des Menschen, wie Gott ihn gemeint hat. Auf dieser Welt hat er den Menschen mit allem umgeben und gestärkt, damit ihm die Schöpfung in allem beisteht." Nehmen wir also die Schöpfung als kostbares Geschenk Gottes und gehen behutsam mit ihren Schätzen um.

Johann Lafer

Hildegardlied

♩ = 112

Lasst uns fröh - lich, lasst uns fröh - lich, lasst uns fröh - lich sin - gen, von

Hil - de - gard, von Hil - de - gard, von Hil - de - gard von Bin - gen.

1. Ja, die - se klu - ge Klos - ter - frau, die wuss - te da - mals schon ge - nau vor
2. Sie dich - te - te manch schö - nes Lied, und wer es hört, singt ger - ne mit. Sie
3. Sie schrieb, dass je - der es er - fährt, wie man sich sehr ge - sund er - nährt, schön
4. Als Frau - en - wort nur we - nig galt, ge - bot sie vie - len Män - nern Halt. Sie
5. Sie half gern, wenn sie ei - ner bat. So hol - ten Kai - ser, Päps - te Rat im

vie - len hun - dert Jah - ren, wie wich - tig Kräu - ter wa - ren für
sang es Gott zu Eh - ren, ließ es sich nicht ver - weh - ren. Sie
bleibt und we - nig lei - det und Krank - hei - ten ver - mei - det. So
sag - te, was sie dach - te, selbst wenn's ihr Är - ger brach - te. Groß
Klos - ter, wo sie wohn - te. Sie half so gut sie konn - te. Sie

dich und mich und al - le Leut', was sie he - raus - fand, gilt noch heut'.
wuss - te ja, wer fröh - lich singt, ist Gott ganz nah und Got - tes Kind.
war sie bald im gan - zen Land als gu - te Ärz - tin sehr be - kannt.
war die Frau in ih - rer Zeit! Drum sin - gen wir von ihr bis heut.
war be - rühmt im gan - zen Land und ist bis heut noch so be - kannt.

© 2008 by Robert Haas Musikverlag, 87439 Kempten, www.robert-haas.de.
Text: Rolf Krenzer, Musik: Robert Haas

WISSENSWERT

UM 1098 WURDE HILDEGARD als zehntes Kind des Edelfreien Hildebert von Bennersheim und seiner Frau Mechthild geboren und als „Zehnte" Gott durch ein Leben in der Kirche geweiht. Ab 1006 (oder 1012, vielleicht der Zeitpunkt ihres Gelübdes) lebte Hildegard mit einer weiteren Frau und ihrer Lehrmeisterin Jutta von Sponheim in einer Klause eingeschlossen im oder beim Benediktinerkloster Disibodenberg. Nach dem Tod ihrer Lehrmeisterin wurde sie in der zwischenzeitlich zum Kloster erweiterten Klause 1136 zur Meisterin gewählt. Bei ihrer Leitung der Schwesterngemeinschaft und in ihren Büchern und der umfangreichen Korrespondenz berief sich Hildegard auf Visionen, die nach ihrer eigenen Angabe ab 1141 einsetzten.

Mit Abt Hugo von Disibodenberg kam es in dieser Zeit zu Konflikten, weil Hildegard die Askese innerhalb des Ordenslebens nicht in vollem Umfang akzeptierte. Sie lockerte innerhalb der Gemeinschaft die Speiseregeln, kürzte die Gebetszeiten und geriet in offenen Streit, als sie ein eigenes Kloster gründen wollte. Ab 1141 ließ Hildegard ihre Visionen in

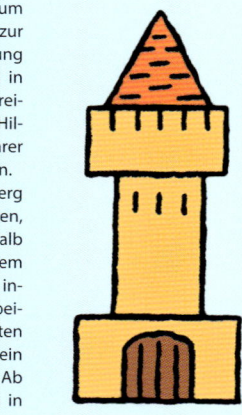

lateinischer Sprache erfassen. Ihr Hauptwerk, „Liber Scivias Domini" („Wisse die Wege des Herrn"), entstand in sechs Jahren. Es lässt sich nicht einfach in eine heute übliche Kategorie pressen, sondern kann als theologisch-mystische Schrift mit anthropologischen Akzenten verstanden werden. 35 Miniaturen dienen der Veranschaulichung des komplizierten tiefsinnigen Textes. 1147 erlaubte Papst Eugen III. während einer Trierer Synode die Veröffentlichung.

Gestärkt durch die Akzeptanz ihrer Visionen und geschätzt als Korrespondenzpartnerin vieler geistlicher und weltlicher Machthaber, wagte Hildegard zwischen 1147 und 1151 den Neubau eines (heute nicht mehr existenten) Klosters mit Namen Rupertsberg auf der linken Seite der Nahe (Bingerbrück entstand um das Kloster herum und gehört heute zu Bingen). 1151 kam es zu einem Konflikt mit dem Erzbischöfen von Mainz und Bremen, die ihre Vertraute, Richardis von Stade, zur Äbtissin des Klosters Bassum ausersehen hatten. Trotz der Einschaltung des Papstes Eugen III. musste Hildegard nachgeben, was aber andererseits dazu führte, dass der Mainzer Erzbischof die Überschreibung der umfangreichen Klostergüter bestätigte und so die Lebensgrundlage des Klosters sicherte. Das durch Schenkungen reich gewordene Kloster geriet dabei durchaus in Kritik, denn die Nonnen sollen nach zeitgenössischen Angaben

luxuriös gelebt haben. Sie stammten ausnahmslos nur aus adligen Familien.

1165 erwarb Hildegard das Augustinerkloster in Eibingen und gründete dort für Bürgerliche ein noch heute bestehendes Filialkloster, während Rupertsberg im Dreißigjährigen Krieg 1632 zerstört wurde.

Hildegard predigte als erste Nonne öffentlich Buße, war Beraterin Kaiser Barbarossas und reiste – trotz angegriffener Gesundheit – auch noch in hohem Alter. Man muss sie als eine Art Universalgelehrte betrachten, denn ihre Schriften und ihre Korrespondenz betreffen Theologie, Spiritualität, Ethik, Kosmologie, Biologie, Medizin („Hildegard-Medizin") und die Musik. Als charismatische Autorität wirkte sie auf Nonnen, Mönche, Bischöfe und die Gebildeten ihrer Zeit bis in die Gegenwart. Die in keine Kategorie passende Frau vertrat offen ihre Meinung, selbst wenn sie damit gegen geltende Regeln verstieß, z. B. als sie einen Exkommunizierten auf einem Friedhof begraben ließ.

Die schon zu Lebzeiten als Heilige Verehrte starb am 17. September 1179. Das 1228 begonnene Heiligsprechungsverfahren ist offiziell nie abgeschlossen worden. Seit dem 13. Jahrhundert wird Hildegard aber als Heilige verehrt und sie wurde 1584 offiziell in den Kanon der Heiligen aufgenommen. Im Jahr 2012 erhob Papst Benedikt XVI. sie zur Kirchenlehrerin.

Die von Hildegard im Laufe ihres Lebens zusammengetragenen Reliquien befinden sich mit ihren eigenen in der Pfarrkirche St. Hildegard und St. Johannes der Täufer in Eibingen.

HIMMELSWEGE ZEIGT MIR …

Eine ganz besondere Heilige …

… ist für mich Hildegard von Bingen, weil es ihr – in einer Zeit, als Frauen öffentliches Wirken weitestgehend verwehrt war – gelang, in den verschiedensten Disziplinen, in Religion, Medizin, Biologie und Musik, Spuren zu hinterlassen. Mit Selbstbewusstsein und Charisma setzte sie sich gegen herrschende Meinungen durch und fand breite Zustimmung im Volk und unter Gelehrten. Sehr erfolgreich führte sie ein Kloster und wurde so zu einer der bedeutendsten Frauen des Mittelalters.

Ursula von der Leyen, Bundesministerin für Verteidigung

Mensch unter Menschen

Ich bin der Evangelist Matthäus. Einige Jahre später als der Evangelist Markus habe auch ich die „Frohe Botschaft" von Jesus aufgeschrieben. Für mich haben die Leute das Symbol des Menschen ausgesucht, denn mein Evangelium beginnt damit, dass ich die Abstammung von Jesus Christus erklärt habe. Wie über einen „normalen" Menschen habe ich über Jesus geschrieben: „Stammbaum Jesu Christi, des Sohnes Davids, des Sohnes Abrahams".

Ich wollte damit zeigen, dass Jesus Teil des Volkes der Israeliten war. Seit dem großen König David hofften die Menschen auf einen Erlöser, einen Retter aus Angst und Not. Der Stammbaum Jesu zeigt, dass mit Jesus dieser Retter auf die Welt gekommen ist. Jesus wurde als Mensch in diese Welt geboren, ein Mensch unter Menschen. Aber er kommt von Gott. Deshalb hat mein Symbol des Menschen auf Bildern ganz oft auch Flügel.

WUSSTEST DU …

WIR FEIERN AM 21. SEPTEMBER das Fest des Evangelisten Matthäus. Leider wissen wir sehr wenig über ihn. Es wird vermutet, dass er als Zöllner arbeitete und in Kafarnaum lebte. Er hieß eigentlich Levi. Als er von Jesus in den Kreis der Jünger aufgenommen wurde, nannte man ihn dann Matthäus.

Wo und wann genau Matthäus gestorben ist, wissen wir nicht. Der Legende nach soll er nach Äthiopien gegangen sein, um dort zu predigen.

Viele berühmte Künstler haben Matthäus gemalt. Er wird oft als älterer Mann mit weißem Haar und langem Bart dargestellt. Außerdem sitzt er auf vielen Bildern an einem Pult mit Schreibfeder, Buch oder Buchrolle. Oft wird er auch als Engel gemalt.

Matthäus

Apostel, Evangelist

Geboren: unbekannt

Gestorben: nach 42

Gedenktag: 21. September

Patron der Finanzbeamten, Bankangestellten, Buchhalter

Kennzeichen/Attribute: Mensch oder Engel, Geldbeutel, Schwert

Der Schutzengel

Nach einem Vortrag über Engel kam ein 10-jähriges Mädchen auf mich zu und fragte mich: „Glauben Sie wirklich, dass mein Engel mich nicht verlässt?" Ich antwortete: „Ja, das glaube ich." „Ja, aber auch dann, wenn ich böse bin ...", bohrte es weiter. „Auch wenn du böse bist", gab ich zur Antwort. „Auch wenn ich immer wieder böse bin?" „Ja, auch wenn du immer wieder böse bist." Da fragte es ganz ernst: „Woher wissen Sie das?" Ich sagte: „Das steht so in der Bibel." Da ging das Mädchen getröstet weg. Es war ihm ganz ernst um diese Fragen.

Die Begegnung mit diesem Mädchen beschäftigte mich noch lange auf der Heimfahrt. Warum war es für dieses Mädchen so wichtig, dass sein Engel es nicht verlässt? Vermutlich hat es daheim oft andere Botschaften gehört: „Du bist unmöglich. Mit dir kann es keiner aushalten. Du bist eine Zumutung." Da war es für das Mädchen wichtig zu hören, dass sein Engel es aushält, dass sein Engel sich nicht von ihm abwendet, sondern Geduld mit ihm hat.

Jeder Mensch hat einen Engel

Im Matthäusevangelium sagt uns Jesus, dass die „Engel der Kleinen" im Himmel stets das Angesicht des himmlischen Vater sehen (Mt 18,10). Von diesem Wort Jesu her haben die Kirchenväter die Lehre vom Schutzengel entfaltet. Jeder Mensch bekommt mit seiner Geburt einen Engel zur Seite, der ihn begleitet bis zum Tod und ihn auch über die Schwelle des Todes in Gott hineinträgt. Für Kinder ist diese Vorstellung vom Schutzengel lebensnotwendig. Sie vermittelt ihnen, dass sie nie und nirgends allein gelassen sind, sondern geschützt, geliebt, begleitet und verstanden werden.

Aber wir dürfen die Vorstellung vom Schutzengel nicht zu naiv sehen, sonst würde uns jeder Unfall, jede Krankheit und jedes Sterben eines Kindes den Glauben an den Schutzengel zerstören. Der Schutzengel schützt uns nicht vor Unfall, vor Krankheit und vor dem Tod, aber ganz gewiss in der Krankheit und im Sterben. Unser innerster Kern bleibt geschützt.

MACH MIT!

Für jeden jederzeit ein Engel sein

Jeder wünscht sich jeden Morgen
irgendetwas – je nachdem.
Jeder hat seit jeher Sorgen,
jeder jeweils sein Problem.

Jeder jagt nicht jede Beute.
Jeder tut nicht jede Pflicht.
Jemand freut sich jetzt und heute.
Jemand anders freut sich nicht.

Jemand lebt von seiner Feder.
Jemand anders lebt als Dieb.
Jedenfalls hat aber jeder
jeweils irgendjemand lieb.

Jeder Garten ist nicht Eden.
Jedes Glas ist nicht voll Wein.
Jeder aber kann für jeden
jederzeit ein Engel sein.

Ja, je lieber und je länger
jeder jedem jederzeit
jedes Glück wünscht, umso enger
leben wir in Einigkeit.

James Krüss

WIR BASTELN EINEN SCHUTZENGEL

Du brauchst:

Holzscheit
dicken Draht
Styroporkugel
weiße Pappe
evtl. Wolle oder feinen Draht

So wird's gemacht:

Schneide aus der Pappe Flügel aus und klebe sie hinter den Holzscheit. Befestige mit dem dicken Draht die Kugel als Kopf auf dem Scheit. Wenn du magst, kannst du zudem aus Wolle oder feinem Draht einen Kopfschmuck für den Engel machen.

Die Theologie sagt, dass Engel geschaffene geistige Wesen und personale Mächte sind. Das klingt sehr abstrakt. Aber geschaffene Wesen sind erfahrbar. Engel sind erfahrbar.

Ein Mensch kann für uns zum Engel werden, wenn er uns im richtigen Augenblick beisteht. Ein innerer Impuls kann vom Engel kommen, der uns anregt, gerade auf diesen Menschen zuzugehen und ihn anzusprechen. Im Traum kann uns ein Engel erscheinen und eine Botschaft vermitteln. Engel können auch Lichterscheinungen sein. Und es gibt Menschen, die Engel sehen können. Engel sind keine Personen, so wie Menschen es sind. Aber Engel schützen unsere Personwerdung.

> **Die Engelgeschichten der Bibel zeigen uns, dass Gott in jede Situation unseres Lebens seinen Engel sendet. Engel zeigen, dass Gott sich um uns kümmert, dass er einen Boten zu uns schickt, den wir erfahren dürfen.**
>
> Anselm Grün

Das kleine Mädchen, das sich vom Schutzengel begleitet wusste – auch wenn es „böse" war –, zerfiel nicht in innere Zerrissenheit, in Selbstentwertung und Selbstverachtung. Der Engel half ihm, zu sich zu stehen und seine Person zu entwickeln.

Manche wollen genau wissen, wie Engel aussehen. Doch über Engel kann man nur schwebend sprechen, sonst fliegen sie weg. Wenn ich zu genau wissen will, wo mein Engel jetzt ist und wie er sich von andern Engeln unterscheidet, dann entzieht er sich mir. Nicht umsonst haben die Künstler den Engeln Flügeln gegeben. Engel sind unverfügbar – wie Gott. Und Engel sind leicht. Sie bringen die Leichtigkeit des Seins in unser Leben.

HIMMELSWEGE ZEIGT MIR ...

Als Kind bin ich beim Klettern über einen Zaun mit dem Hals an einem Stacheldraht hängengeblieben. Das Blut hat ziemlich gespritzt. Aber zum Glück kam ein älterer Junge vorbei, der zufällig gerade einen Erste-Hilfe-Kurs gemacht hatte – der konnte helfen. Ein Schutzengel für mich!

Ralph Caspers
Moderator von „Sendung mit der Maus", „Wissen macht Ah!"

HIMMELSWEGE ZEIGT MIR ...

„Es gab bei mir schon etliche gefährliche Situationen, Beinahe-Zusammenstöße auf der Autobahn zum Beispiel oder einen von einem Dach herabstürzenden Ziegel, der mich um Zentimeter verfehlte. Da habe ich zu meiner Frau oder meinen Kindern nur aufatmend gesagt: Wie gut, dass ich einen so aufmerksamen Schutzengel habe!

Paul Maar, Kinderbuchautor

Sie öffnen den Himmel über unserem Leben.

Die Engelgeschichten der Bibel zeigen uns, dass Gott in jede Situation unseres Lebens seinen Engel sendet: in die Ohnmacht und Angst am Ölberg, in die Verlassenheit von Hagar und Ismael in der Wüste, in den Feuerofen und in die Löwengrube, in der wir uns in den alltäglichen Konflikten oft vorfinden. Engel zeigen, dass Gott sich um uns kümmert, dass er einen Boten zu uns schickt, den wir erfahren dürfen.

Und Engel verhelfen uns zu einem positiven Selbstbild. Auch wenn wir nicht perfekt sind, dürfen wir oft genug für einen anderen zum Engel werden. Ich kann mir nicht vornehmen, für den andern ein Engel zu sein. Der Engel wird mich durch einen leisen Impuls anstoßen, den andern anzusprechen, ihm beizustehen. Wenn ich diesem leisen Impuls folge, dann werde ich zum Engel für den andern. Ich kann mir dann aber nicht auf die Schulter klopfen und stolz darauf sein, dass ich ein Engel bin. Denn ich weiß, dass ich vom Wesen her kein Engel bin, sondern ein Mensch, durchschnittlich, egoistisch, fehlerhaft. Trotzdem sendet Gott auch mich zu einem andern, damit ich in diesem Augenblick für ihn zum Engel werde. Dann erfüllt mich eine tiefe Dankbarkeit.

Und ich spüre, dass der Engel dann auch mein Leben hell und leicht werden lässt.

Anselm Grün

Schutzengel für Rotzbengel

Die Leute wissen ja alles besser.
Sie sagen, es sei ein Gerücht,
ein Märchen für Kinder, jedenfalls:
Schutzengel, die gäb's wohl nicht.
Lass die Leute doch reden.
Was sie nicht sehn,
wolln sie eben nicht glauben.
Kann man's verstehn?

Aber du und ich, trotzdem,
wir wissen Bescheid:
Jeder schmutz'ge Rotzbengel
hat bestimmt seinen Schutzengel.
Der ist immer da.
Auch bei Wut, Kummer, Streit;
der passt auf dich auf; der hat immer Zeit;
dem ist nicht egal, was du machst.

Fängt dich auf,
wenn du mit dem Fahrrad hinkrachst;
macht den harten Sturz weich;
zieht dich raus aus dem Teich;
schnappt dich grade noch an der Straße.
Und haut dir mal einer
so richtig auf die Nase,
ist doch wenigstens dein Auge nicht blau.
So ist der. Immer. Du weißt es genau.

Bei schlechten Träumen und überhaupt.
Und wenn mir das einer jetzt nicht glaubt,
soll er einfach mal still sein und lauschen.
Vielleicht hört er dann ein Flügelrauschen,
ein ganz verhaltnes Seufzen vielleicht:

Denn glaube doch niemand,
man hätte es leicht
als täglicher Schutzengel –
mit so einem Rotzbengel!
Ganz bestimmt nicht.
Aber trotzdem, er bleibt.

Weiß der Kuckuck,
was deinen Schutzengel treibt,
immerzu auf solche wie dich aufzupassen!
Was auch sein mag:
Er kann's einfach nicht lassen.

Darum bitte ich heute und hier
alle Rotzbengel:
Denkt bei dem, was ihr tut,
auch mal an euren Schutzengel!
Was der aushalten muss!
Dieser Stress jeden Tag!
Darum sollte,
wer seinen Schutzengel mag ...

Pssst! Ich glaub' grad, er schläft!
Er braucht dringend mal Ruh'.
Schleich dich ganz leise an.
Deck ihn ganz leise zu.

Genau, so. Und jetzt du.

Kirsten Boie

HIMMELSWEGE ZEIGT MIR …

Armin Maiwald
Erfinder der
„Sendung mit der Maus"

Entweder muss mein Schutzengel immer Überstunden gemacht haben – von 40-Stunden-Woche keine Rede – oder ich habe sogar mehrere davon, wer weiß?
Schon als Kind bin ich einmal fast im Moor ertrunken, im Eis auf einem See eingebrochen, als 16-Jähriger mit der Ebbe in die Nordsee hinausgezogen worden, zweimal beinahe mit einem Hubschrauber abgestürzt. Dann Blinddarmdurchbruch! Fahnenstange auf den Kopf bekommen! Von Beinahe-Unfällen gar nicht zu reden. Dreimal nicht ertrunken, all das überlebt.
Ich weiß nicht, ob das ein Schutzengel alleine schaffen konnte.

Die Legende vom allerkleinsten Engel

Als die Engel und Heiligen im Himmel immer trauriger wurden, weil die Menschen immer noch nicht begriffen, warum Gott seinen eigenen Sohn zu ihnen geschickt hatte, ja, sogar noch unmenschlicher miteinander umgingen als damals vor fast 2000 Jahren, da hielt es der allerkleinste Engel im Himmel vor Traurigkeit nicht mehr aus und machte sich selbst auf den Weg zu den Menschen. Und als der allerkleinste Engel zurück in den Himmel kam, tröstete er alle ein bisschen und sagte: „Alles ist so, wie ihr sagt! Und es ist doch nicht so! Da gibt es unter den Menschen Kinder. Und stellt euch vor: Sie spielen und singen von Christi Geburt, und ihre Augen leuchten, und sie warten und freuen sich auf Weihnachten. Und ich fand Gott in den Augen der Kinder."

Da strichen die Engel und Heiligen im Himmel dem allerkleinsten Engel ganz zärtlich über sein Haar und konnten wieder ein bisschen lächeln.

Rolf Krenzer

Wie Franziskus den Lerchen predigte

Einst ging der heilige Franziskus an einem milden Sommertag über das Feld. Da fand er eine Lerche mit gebrochenem Flügel. Sie tat ihm in der Seele leid; denn eine Lerche, die nicht aufsteigen und singen kann, ist übler dran als ein Wurm oder ein Käfer, deren Glück und Heimat der Erdboden ist. Der gute Franziskus ging hin und berührte die Lerche: Da war sie gesund.

Ich möchte dir danken, guter Mensch", zwitscherte die Lerche. „Aber was kann dir mein Lerchendank nützen? Lieber möchte ich etwas für dich tun!"

„Wer Gutes tut, soll keinen Dank erwarten", erwiderte Franziskus. „Aber vielleicht könntest du mir einen Wunsch erfüllen, nicht weil du mir Dank schuldest, sondern einfach so: aus Freundlichkeit!"

„Nenne deinen Wunsch, guter Mensch!"

„Hole deine Brüder und Schwestern, kleine Lerche, und erlaube mir, euch eine Predigt zu halten."

Der Vogel seufzte. „Muss das sein?"

„Nein", antwortete Franziskus. „Es muss nicht sein. Aber ich möchte euch gern vom Lerchenhimmel erzählen."

„Das ändert die Sache!", zwitscherte der Vogel. „Warte hier und bereite deine Predigt vor!"

Keine Stunde war vergangen, da glich das Feld einem Lerchenteppich. Das zwitscherte und tirilierte, das

Franz(iskus) von Assisi

Stifter des Franziskanerordens und des Klarissenordens

Geboren: um 1181

Gestorben: 3.10.1226

Gedenktag: 4. Oktober

Patron von Italien und Assisi, Patron der Armen, Blinden, Umweltschützer, Kaufleute, Sozialarbeiter

Kennzeichen/Attribute: Kruzifix, Erdkugel, Totenkopf, Wundmale

Feinde, die Angst vor euch haben! Aber ich sage euch: Im Lerchenhimmel wird es auch Bussarde geben. Nur verschlingen sie euch nicht. Im Lerchenhimmel wird es Katzen geben. Nur verfolgen sie euch nicht. Im Lerchenhimmel wird es auch Insekten geben. Nur ihr verspeist sie nicht. Wer dort hungrig ist, braucht nur den Schnabel zu öffnen, und die Luft sättigt ihn."

Einige Lerchen seufzten bei dem Gedanken an diese ewige Glückseligkeit. Nur ein Lerchenherr hatte gewisse Zweifel. Zwitschernd fragte er: „Was muss man tun, um in den Lerchenhimmel zu kommen? Beten und fasten und freitags keine Insekten fressen?"

Der heilige Mann lächelte über die Frage des Vogels und antwortete: „Tut das, was den Lerchen aufgetragen ist: Seid fröhlich und singt! Dann ersingt ihr euch das Vogelparadies."

Da schwangen Hunderte kleiner Lerchen sich auf in den Sommerhimmel und sangen so hell und so schön, dass ihr Lied bis hinauf ins Paradies drang.

hüpfte und kopfnickte um den heiligen Mann herum, als sei das Feld schon der Lerchenhimmel.

Nun faltete Franziskus die Hände und betete: „Vater im Himmel, an den ich glaube, hilf mir, die rechten Worte zu finden. Amen."

Die Lerchen auf dem Feld hoben bei dem Gebet die Köpfchen und wurden still. Da begann Franziskus seine Predigt:

„Ihr lieben Schwestern und Brüder der Luft, seht euch den Bussard an, der über unseren Köpfen kreist. Er möchte niederstoßen und einen von euch verschlingen. Aber er wagt es nicht. Ihr seid zu viele! Das macht ihm Angst.

Nun werdet ihr denken, so könnte auch der Lerchenhimmel sein: lauter Lerchen, lauter liederreiche Kehlen, lauter Glück und Gesang und

Ein Sonnenstrahl reicht hin, viel Dunkel zu erhellen.

Franz von Assisi

Franziskus auf dem Felde hörte ihnen zu und dachte bei sich: „Gut, dass ich ihnen nur zwei Gebote gegeben habe: fröhlich zu sein und zu singen. Das macht die Lerchen und die Menschen glücklich. Und eine längere Predigt hätten die Vögel doch nicht verstanden. Denn sie haben zu kleine Köpfe."

Als er am Abend in seiner Klosterzelle lag, träumte dem Heiligen, er stehe mitten im Lerchenparadies zwischen Hunderten kleiner Lerchen, die sich in Fröhlichkeit das Paradies ersungen hatten.

James Krüss

Böser Wolf – Bruder Wolf?

Was fällt dir ein, wenn du das Wort „Wolf" hörst? Der böse Wolf, der Rotkäppchens Großmutter fraß? Das gefräßige Tier aus „Der Wolf und die sieben Geißlein"? Oder gar ein Werwolf? Jedenfalls gibt es wohl kaum einen Menschen, dem ein freundliches Tier einfällt, wenn er das Wort „Wolf" hört.

So war es schon zu der Zeit, als Franziskus lebte, vor 800 Jahren. Der Heilige aber war ein großer Tierfreund und hatte keine Angst vor Wölfen: Er liebte Gottes schöne Welt und alles, was auf ihr lebte. Auch Wölfe.

Eines Tages hörte er von einem Wolf, der die Leute der Stadt Gubbio in Angst und Schrecken versetzte. Keiner traute sich mehr aus dem Haus. Franziskus beschloss mutig, den Menschen zu helfen. Er wollte mit dem Raubtier reden. Mit Gottes Hilfe ging er zu dem wilden Tier und sagte ruhig zu ihm: „Bruder Wolf, ich befehle dir im Namen Christi, nie wieder Böses zu tun!" Dann erklärte er dem Tier, dass die Menschen im Frieden mit ihm leben wollten.

Der Wolf stimmte durch ein Zeichen zu. Von da an gaben die Leute von Gubbio dem Wolf etwas zu fressen, und er brauchte nicht mehr vor Hunger andere Tiere oder gar Menschen anzugreifen. So konnten Mensch und Tier im Frieden miteinander leben.

Petra Klippel

HIMMELSWEGE ZEIGT MIR ...

Ein ganz besonderer Heiliger ...

... ist für mich Franz von Assisi, weil er die ganze Schöpfung umarmt: Mensch und Natur. Und Gott dazu.

Norbert Blüm, ehemaliger Bundesarbeitsminister

GEBOREN WURDE DER heilige Franziskus als Giovanni Battista di Bernadone um 1181/1182 in der umbrischen Stadt Assisi am Fuß von Monte Subasio in Italien. Sein Vater war ein wohlhabender Tuchhändler. Zu seinem Rufnamen „Francesco" kam der kleine Bernadone, weil sich der Vater zur Zeit der Geburt seines Sohnes auf einer Geschäftsreise in Frankreich befand.

Franziskus erfuhr als Kind eine für damalige Verhältnisse überdurchschnittliche Bildung: Er lernte lesen, schreiben, rechnen und ein wenig Latein, weil sein Vater vorhatte, ihm später als Kaufmann die eigene Firma zu übertragen. Als Jugendlicher lebte Franz in vollen Zügen: Mit dem Geld seines Vaters waren Feste und Feiern seine Lebenszentren, bei denen er freizügig und ungehemmt seine Kumpane aushielt.

Im November 1202 zog er für seine Stadt Assisi gegen die Nachbarstadt Perugia in den Krieg. Assisi verlor und Franziskus geriet, wie viele andere auch, in Gefangenschaft und schmachtete in einem Kerker, aus dem ihn Anfang 1204 sein Vater freikaufte. Sein Jugendtraum, als Ritter ein heldenhaftes Leben in Saus und Braus zu führen, hatte sich erledigt. Franziskus war krank und psychisch in den Fundamenten erschüttert.

Der junge Mann zog sich aus seinem Freundeskreis zunehmend zurück und suchte die Einsamkeit. 1205/06 pilgerte er nach Rom, wo er – der Legende nach – mit einem Bettler das Gewand tauschte, um ein Leben in vollkommener Armut „auszuprobieren". In dieser Zeit fühlte er sich beim Gebet in San Damiano von der dortigen Kreuzikone angesprochen. Die Legende berichtet, Christus habe zu ihm gesprochen und ihn aufgefordert, die Kirche wieder aufzubauen. Seiner Biografie nach hat er die kleine romanische Kirche mit eigenen Händen und erbetteltem Baumaterial wiederhergestellt. Das Gleiche gilt für die Kirchen San Pietro della Spina und Santa Maria degli Angeli, bekannt unter dem Namen „Portiuncula".

Für soziale Zwecke und wohl auch für die Renovierungsarbeiten an San Damiano nahm Franziskus Geld und Waren aus dem elterlichen Geschäft und geriet darüber mit seinem Vater in Streit. Dieser endete in einem öffentlichen Gerichtsverfahren des Vaters gegen den Sohn auf dem Domplatz. Während dieser Gerichtsverhandlung entkleidete sich Franziskus komplett, um damit seinen Erbverzicht anzuzeigen; und er sagte sich von seinem Vater los. Der Legende nach soll er gesagt haben: „Bis heute habe ich dich meinen Vater genannt auf dieser Erde; von nun an will ich sagen: ,Vater, der du bist im Himmel.'"

Franziskus begann nun außerhalb der Stadt ein Leben als Einsiedler und erbettelte sich sein Essen von Haus zu Haus in der Stadt Assisi. Er pflegte die Aussätzigen, die außerhalb der Stadt vegetierten.

Während des Gottesdienstes in der kleinen Kirche von Portiuncula, am 24. Februar 1208, dem Gedenktag des Apostels Matthias, merkte Franziskus an einer Stelle des Evangeliums auf, als es hieß: „Geht und verkündet: Das Himmelreich ist nahe. [...] Umsonst habt ihr empfangen, umsonst sollt ihr geben. Steckt nicht Gold, Silber und Kupfermünzen in euren Gürtel. Nehmt keine Vorratstasche mit auf den Weg, kein zweites Hemd, keine Schuhe, keinen Wanderstab" (Mt 10, 7–10). Franziskus verstand dies als Auftrag und suchte von nun an so zu leben, direkt und nicht bloß im übertragenen Sinn: In Armut leben, das Evangelium verkünden war für ihn „apostolisch leben". Er trug ab sofort eine durch einen Strick gehaltene Kutte, lehnte Besitz und Kontakt mit Geld ab und ging meist barfuß.

Franziskus verstand sich als Büßer und predigte Gottesliebe und Buße. Er erntete wegen seiner Lebensweise und seinem Aussehen Spott und Abweisung; aber sein Beispiel trug auch Früchte, denn die Zahl derer, die sich ihm anschlossen, wuchs stetig.

1208 übertrug die Benediktinerabtei am Monte Subasio der Brüdergemeinschaft das Kirchlein Portiuncula. 1209 ging Franziskus mit den ersten zwölf Brüdern nach Rom, um Papst Innozenz III. um eine Bestätigung der Lebensform der Gemeinschaft zu bitten. Die Kurie betrachtete die in dieser Zeit neu entstehenden Gemeinschaften mit größter Skepsis. Franziskus präsentierte seine Gemeinschaft dagegen nicht ungeschickt als „Buß- und Wanderprediger", was auf Wohlwollen stieß und 1210 zu einer mündlich erteilten probeweisen Erlaubnis führte, die Buße zu predigen und in Armut zu leben. Öffentlich verkündet wurde diese Erlaubnis wohl kurz vor dem IV. Laterankonzil 1215. Ab 1212 begann sich die Gemeinschaft – erst in Italien, dann auch nördlich der Alpen – auszubreiten.

Während des Kreuzzuges von Damiette reiste Franziskus 1219 als Missionar bis Palästina und folgte dem Kreuzfahrerheer auf dem Weg nach Ägypten. Seit dieser Reise verschlechterte sich sein Gesundheitszustand stetig; vermutet wird eine Augeninfektion im Orient. Während seiner Abwesenheit nahmen die Spannungen innerhalb der franziskanischen Gemeinschaft, die inzwischen über ganz Europa verbreitet war, zu. Die Gründe scheinen wohl darin gelegen zu haben, dass eine große Zahl der Brüder die Radikalität der Regel mindern wollte und zudem eine feste Ordensregel verlangte. Nach Assisi zurückgekehrt, übertrug Franziskus die Leitung der Gemeinschaft Pietro Catanii, einem Rechtsgelehrten, und zog sich innerlich aus der Gemeinschaft zurück. Auf Anweisung der Kurie verfasste der Heilige widerwillig in seiner Einsiedelei Fonte Colombo 1223 eine letzte Fassung der franziskanischen Ordensregel, die noch im gleichen Jahr vom Ordenskapitel und Papst genehmigt wurde.

Nach zeitgenössischen Berichten wurden bei Franziskus, als er sich im Spätsommer 1224 auf den Berg La Verna in eine kleine Felsnische, die ihm als Einsiedelei diente, zurückzog, die Wundmale Christi (Stigmata) sichtbar.

Franziskus erblindete langsam und war durch sein radikales Fasten nicht nur stark geschwächt, sondern auch magenkrank. Als er seinen Tod nahen fühlte, ließ er sich zur Portiunculakirche bringen, wo er wünschte, nackt auf die Erde gelegt zu werden, um so seine Verbundenheit mit der „Herrin Armut" zu verdeutlichen. Nach seinem Tod wurde er mit einer von einem Ordensbruder geliehenen Kutte bedeckt. Die Bürger von Assisi brachten unmittelbar nach seinem Ableben den Leichnam schleunigst in die Stadt, damit die Feinde aus Perugia nicht in den Besitz der kostbaren Reliquie gelangten. Man nimmt an, Franziskus hätte sein Grab am liebsten an seinem Sterbeort gefunden. Als Todesdatum gilt der 4. Oktober 1226, weil Franziskus am 3. Oktober nach Sonnenuntergang starb, der liturgisch zum nachfolgenden Tag rechnet. Bereits am 16. Juli 1228 sprach Papst Gregor IX. Franziskus heilig. Seit 1230 liegen seine Gebeine in einem Steinsarg in der Grabkammer der Unterkirche des Basilika San Francesco in Assisi.

Seit März 2013 ist der Argentinier Jorge Mario Bergoglio Papst. Er hat nach Franz von Assisi den Papstnamen Franziskus gewählt. Franz von Assisi sei ihm ein Vorbild als Mann der Armut und des Friedens, der die Schöpfung liebe und bewahre, begründete Papst Franziskus seine Namenswahl.

„Jeder kann Papst werden – das beste Beispiel bin ich!"

Wer hätte gedacht, dass aus dem armen Bauernsohn Angelo Roncalli einmal einer der beliebtesten Päpste des 20. Jahrhunderts werden würde – und noch dazu ein Heiliger? Er selbst wohl am allerwenigsten.

Manchmal musste Angelo sich kneifen: „Ist das wirklich alles wahr, was geschehen ist?" Oder träumte er? Dann schaute er aus dem Fenster seines neuen Arbeitszimmers und sah den Petersplatz. Oder er schaute an sich hinunter und sah die weiße Kleidung, die er neuerdings trug. Oder er schaute auf seine rechte Hand und sah daran den goldenen Ring mit dem Bild des heiligen Petrus. Und das alles machte ihm klar: Ja, es war wahr. Er war zum Nachfolger des heiligen Petrus, zum Leiter der katholischen Kirche gewählt worden. Er war jetzt Papst. Und er hieß gar nicht mehr Angelo, so wie seine Eltern ihn nach seiner Geburt vor 77 Jahren genannt hatten. Er hieß jetzt Giovanni (Johannes). In Erinnerung an seinen Vater und an die Johanneskirche, in der er getauft worden war, hatte er diesen Namen nach seiner Wahl ausgesucht. Damit stand er in einer langen Reihe von Päpsten mit diesem Namen. Er war „Johannes, der 23."

„Ich bin doch der Sohn eines Bauern!", sagte sich Giovanni in solchen Momenten verwundert. Niemand hätte gedacht, dass aus diesem Bauernsohn einmal ein Papst werden würde. Schon gar nicht sein Vater, dessen Namen er nun trug. Als dieser nach drei Töchtern im November 1881 endlich einen Sohn bekam, soll er gesagt ha-

Johannes XXIII.	
Papst	
Geboren: 25.11.1881	
Gestorben: 3.6.1963	
Gedenktag: 11. Oktober	

ben: „Endlich ein Junge, jemand, der mir helfen kann!" Er konnte jede Hilfe brauchen. Die Roncallis lebten am Rand der Alpen in Norditalien, am Fuße eines Berges. Die Landschaft war karg und steinig, die Arbeit daher hart und die Ernte gering. Die Eltern bekamen die große Familie damit zwar satt, aber man lebte arm und bescheiden. Kuchen gab es nur zu Weihnachten. Doch das störte Angelo nicht weiter, denn alle Menschen dort lebten so wie seine Familie. Er kannte es gar nicht anders.

Die alten Roncallis waren schweigsame, manchmal sogar mürrische Leute. Über Gefühle redete man in dieser Familie nicht und zeigte sie auch nicht. Dies machte Angelo traurig und er betete manchmal, dass die alten Familienmitglieder doch mehr miteinander reden würden. Und er nahm sich vor, es selbst anders zu machen.

Der Verwandte, den er am meisten mochte, war sein Patenonkel Zaverio. Ihn besuchte der Junge immer gerne. Der fromme Onkel nahm ihn auch mit in die Kirche. Er trug ihn sogar auf dem Arm dorthin, wenn der Junge müde war. Die Art, wie der Onkel betete und Gott vertraute, prägte sich dem Jungen tief ein. Nur wenn der Onkel zu sehr auf die Einhaltung frommer Regeln pochte, zog sich der Junge zurück. War Gott wirklich so streng, wie Onkel Zaverio dachte? War er nicht vielmehr liebevoll und freundlich?

Der Vater sah in seinen dreizehn Töchtern und Söhnen eher Arbeiter als Kinder. Er spannte schon den kleinen Angelo bei der Arbeit ein. Aber Angelo ging lieber in die Schule als in den Stall oder aufs Feld, obwohl ein langer Fußweg vor ihm lag. Das fiel dem Pfarrer auf und er gab Angelo Lateinunterricht. „Vielleicht wird aus dem eifrigen Jungen mal ein Priester?", dachte sich der Pfarrer. Manchmal war er aber auch zu streng und bestrafte den Jungen, wenn dieser nicht genug gelernt hatte, mit Ohrfeigen.

Dem Vater gefiel dieser zusätzliche Unterricht gar nicht. „Latein? Wozu soll das gut sein?", polterte er. Das brauchten doch nur die Priester in der Kirche. Sein Sohn brauchte das nicht. „Du bist der Sohn eines armen Bauern und sollst auch ein Bauer werden", fand Giovanni Roncalli. Statt

zu lernen, sollte Angelo am besten direkt mit aufs Feld kommen. Der Pfarrer war aber so überzeugt von der Begabung des jungen Angelo, dass er nicht lockerließ. Und schließlich stimmte der Vater zu: Angelo durfte als Schüler ins Priesterseminar wechseln.

Es zeigte sich auch dort, dass er schnell lernte und ein kluger Kopf war. Oft wurde er gelobt und erhielt Auszeichnungen. Viele sprachen gut von ihm. So blieb es auch, als er Priester und später Bischof wurde.

Aber immer, wenn Angelo eine Ehrung oder ein Lob zu Kopf stieg, bremste er sich selbst und erinnerte sich leise: „Ich bin der Sohn eines Bauern!" Die harte Kindheit und die Armut, die er erfahren hatte, vergaß er also nie. Sie schützte ihn davor, hochnäsig und eingebildet zu werden. Die Armut seiner Familie war für ihn kein Grund, sich zu schämen. Auch nicht, als er zum Papst gewählt wurde. Viele meinten damals, im Jahr 1958: „Angelo Roncalli ist der neue Papst? Wer hätte das gedacht?"

Nein, es hatte wirklich niemand gedacht, dass aus diesem armen Bauernjungen einmal ein Papst werden würde. Er konnte es ja selbst kaum glauben. Darum sagte er einmal: „Jeder kann Papst werden – das beste Beispiel bin ich!" Oder anders gesagt: Jeder kann ein Heiliger werden – das beste Beispiel ist Angelo Roncalli, Johannes XXIII., der Sohn eines armen Bauern.

Petra Klippel

Zehn Tipps von einem Papst

Johannes XXIII. hat einmal die „Zehn Gebote der Gelassenheit" für alle die Kinder formuliert, die sich von der inneren Ruhe, Heiterkeit und Freundlichkeit des heiligen Papstes anstecken lassen wollen.
Der Papst rät: „Nimm dir nicht zu viel vor! Es genügt die friedliche, ruhige Suche nach dem Guten an jedem neuen Tag, zu jeder Stunde, ohne Übertreibung und mit Geduld."

1. Leben

Nur für heute nehme ich mir vor, einfach den Tag zu erleben und nicht so viel über meine Sorgen nachzudenken.

2. Sorgfalt

Nur für heute nehme ich mir vor, darauf zu achten, dass ich mich gut benehme. Ich will nicht schlecht von anderen denken. Nur eine Person werde ich verbessern: mich selbst.

3. Glück

Nur für heute nehme ich mir vor, glücklich zu sein, denn Gott hat mich für das Glück geschaffen.

4. Wirklichkeit

Nur für heute nehme ich mir vor, die Dinge, Menschen und Situationen zu akzeptieren, wie sie nun einmal sind, ohne sie nach meinen Wünschen verändern zu wollen.

5. Lesen

Nur für heute nehme ich mir vor, zehn Minuten lang ein gutes Buch zu lesen. Denn so, wie mein Körper das Essen zum Leben braucht, so brauchen Geist und Seele zum Leben einen guten Text.

6. Handeln

Nur für heute nehme ich mir vor, eine gute Tat zu vollbringen – und ich werde es niemandem erzählen.

7. Überwinden

Nur für heute nehme ich mir vor, etwas zu tun, wozu ich keine Lust habe. Und niemand soll an meinem Gesicht oder meiner Stimmung merken, wie sehr ich mich überwinden muss.

8. Planen

Nur für heute nehme ich mir vor, mir einen Zeitplan zu machen. Vielleicht halte ich mich nicht genau daran, aber ich werde es versuchen. Dann können mir zwei Übel nicht passieren: die Hetze und das Trödeln.

WUSSTEST DU …

PAPST JOHANNES XXIII. wurde 1881 als Angelo Giuseppe Roncalli in Italien geboren. 1904 empfing er nach seinem Studium und dem Erreichen seiner Doktorwürde die Weihe zum Priester und arbeitete nun als Sekretär für den Bischof von Bergamo. Hier sammelte er Erfahrungen in liturgischen, sozialen und ökumenischen Problemfeldern. Nach seiner Weihe zum Bischof im Jahr 1925 arbeitete er als Apostolischer Nuntius, also als Gesandter des Vatikans, zunächst in Bulgarien. Ab 1934 war er in Griechenland und in der Türkei tätig und half der Bevölkerung und fliehenden Juden gegen die deutsche Besatzung. 1944 wurde er Nuntius in Frankreich. Im Jahr 1953 trat Angelo Roncalli das Amt des Kardinals in Venedig an. 1958 wählten ihn die Kardinäle im Konklave im elften Wahlgang zum Nachfolger von Papst Pius XII.; inzwischen war Johannes XXIII. 77 Jahre alt. In seinem Amt als Bischof von Rom besuchte er die Gemeinden und auch die Häftlinge im römischen Staats-

gefängnis. Bezeichnend für Papst Johannes XXIII. waren die Anerkennung von Menschenrechten, der Aufruf zum weltweiten Frieden und die Offenheit gegenüber anderen Religionen. Außerdem empfing er bedeutende Politiker sowohl von westlichen als auch östlichen Großmächten. So konnte er auch während des Kalten Krieges zwischen den Gegnern USA und Russland vermitteln. 2014 wurde Johannes XXIII. von Papst Franziskus zusammen mit Papst Johannes Paul II. heiliggesprochen.

9. Mut

Nur für heute nehme ich mir vor, keine Angst zu haben. Ganz besonders werde ich keine Angst haben, mich an allem zu freuen, was schön ist. Und ich werde an das Gute und an die Liebe glauben.

10. Vertrauen

Nur für heute nehme ich mir vor, fest daran zu glauben (auch wenn es vielleicht schwerfällt), dass Gott sich so liebevoll um mich kümmert, als wäre ich der einzige Mensch auf der Welt.

Umformuliert von Petra Klippel

Teresa von Avila

Als Teresa zwölf Jahre alt ist, stirbt ihre geliebte Mutter. „Du kommst jetzt in das Kloster der Augustinerinnen", bestimmt der Vater. „Dort wirst du viel lernen und eine richtige Dame werden." Teresa will gar keine Dame werden, doch sie widerspricht ihrem Vater nicht, weil sie nicht weiß, was sie eigentlich werden will. Nur eines weiß sie: Sie möchte lesen, viel lesen!

Und so sehen die Nonnen die junge Teresa de Cepeda jetzt jeden Tag stundenlang in der Bibliothek sitzen. „So viele Bücher!", staunt sie. „Ich werde Jahre brauchen, bis ich sie alle gelesen habe."

Besonders gern greift das Mädchen nach den Schriften des hl. Hieronymus. Sie liest sie immer wieder. Langsam wird ihr klar: „Ich will eine Ordensfrau werden."

Was Teresa beschließt, das führt sie durch: Mit zwanzig Jahren tritt sie in das Kloster der Karmelitinnen in Avila ein. Dort ist Teresa glücklich.

Doch eines Tages wird sie sehr krank, so sehr, dass ihre Mitschwestern glauben, Teresa wäre schon tot. „Schließen wir ihr die Augen", sagt die eine. Eine andere faltet Teresas Hände und breitet ein weißes Tuch über ihren schlanken Körper. Doch Teresa ist nicht tot. Sie öffnet wieder ihre Augen – und ihr Blick fällt auf ein Bild des leidenden Christus. In ihrem Fieber glaubt sie, die Leiden des Herrn selbst mitzuerleben.

> **Nichts soll dich ängstigen,
> nichts dich erschrecken.
> Alles vergeht,
> Gott ändert sich nicht.
> Wer Gott hat,
> dem fehlt nichts.
> Gott allein genügt.**
>
> Teresa von Avila

„Seht sie an!", rufen die Schwestern bestürzt. „Sie hat eine Vision. Hört, was sie sagt! Sie erleidet die Qualen unseres Heilands."

Nach ihrer Krankheit ist Teresa drei Jahre lang gelähmt. Doch allmählich löst sich die Lähmung, und Teresa wird wieder gesund. Visionen aber hat sie jetzt öfters. „Heute war ich im Himmel", erzählt sie eines Tages ihren Mitschwestern. Und sie beschreibt in vielen Einzelheiten, was sie im Zustand der Entrückung in der „Himmelsburg" erlebt hat.

Das Leben im Kloster läuft nach strengen Regeln ab. Teresa befolgt sie genau und gern. Aber die Mitschwestern flüstern einander zu: „Was ist denn mit Teresa los? Fromm sein ist schon gut, aber alles mit Maß und Ziel. Kommt, wir machen jetzt lieber einen Spaziergang!" – „Ach, hab ich heute Appetit!", sagt eine andere. „Heute ist zwar ein Fasttag, aber ich mag nicht fasten. Wer isst mit mir den Rest des Bratens auf?" – „Immer nur beten, das macht einen ja ganz krank. Wer spielt mit mir im Garten?"

Teresa von Avila

Ordensgründerin, Kirchenlehrerin, Mystikerin

Geboren: 28.3.1515

Gestorben: 4.10.1582

Gedenktag: 15. Oktober

Patronin von Spanien, Patronin der Schachspieler, spanischen Schriftsteller

Kennzeichen/Attribute: Herz, Pfeil

Teresa hört alles, sie bemerkt alles, und es tut ihr unendlich leid, dass die Regeln des Ordenslebens von den Mitschwestern missachtet werden. Da erwacht der alte Kampfgeist in ihr: Wenn es sonst niemand tut, dann will ich mich jedenfalls mit aller Kraft dafür einsetzen, dass in unserem Kloster wieder Ordnung herrscht! Doch überall stößt sie auf Widerstand. Das bequeme Leben, das sie sich angewöhnt haben, will keine aufgeben. Und bald muss Teresa erkennen: Ich habe nur noch Feinde rings um mich!

Man schreibt das Jahr 1562. Teresa ist mittlerweile 47 Jahre alt geworden. Unterstützt von ihrem Beichtvater, dem heiligen Petrus von Alcántara, erhält sie vom Papst die Erlaubnis, ein Reformwerk in ihrem Orden zu beginnen. Teresa beschließt: „Ich will ein neues Kloster der Karmelitinnen gründen. Und das Leben soll nicht bequem sein, sondern es soll uns schnell zu Gott führen. Wir wollen wieder streng nach den Ordensregeln leben!"

Sie findet einige, die ihr folgen und ihren strengen Weg mitgehen wollen – viele aber bekämpfen sie und legen ihr alle möglichen Hindernisse in den Weg.

In dieser Zeit der ständigen Auseinandersetzungen schreibt Teresa ihren geistigen Werdegang auf – ihre Erfahrungen, Visionen und ihre Gottesbegegnungen: Es sind religiöse Dokumente von unschätzbarem Wert.

„Morgen kommt unsere Schwester Oberin zu Besuch!", geht es im Kloster Alba de Tormes bei Salamanca von Mund zu Mund. Teresa von Avila macht aber im schönen Kastilien keinen Höflichkeitsbesuch. Nein, sie will kontrollieren, ob in diesen Klöstern, die sie neu gegründet, tatsächlich die Regeln getreulich eingehalten werden. Seit Jahren reist sie unermüdlich durch das Land. Sie zieht von Kloster zu Kloster. Lobt hier, tadelt dort. Das Reisen ist ungeheuer anstrengend für Teresa. Bei der großen sommerlichen Hitze in Spanien sind die Straßen eine einzige Staubwüste. Und in der Regenzeit versinken Pferde und Wagen in tiefem Schlamm. Teresa ist gewöhnlich in einer Pferdekutsche unterwegs. Oftmals geht es nur im Sattel oder gar zu Fuß. Tage- und nächtelang dauern diese Reisen. Und eines Tages ist Teresa den Strapazen nicht mehr gewachsen. Sie wird krank und schickt Boten. Und arbeitet unermüdlich weiter. „Ich muss mein Werk zu Ende führen!", sagt sie sich jeden Tag.

Im Frühherbst des Jahres 1582 trifft sie nach einer neuerlichen Reise völlig erschöpft in Alba de Tormes ein. Sie ist mit ihren Kräften am Ende und stirbt am 4. Oktober. Ihr Leichnam wird in einem schlichten Grab bestattet. Zwei Jahre sind vergangen. Da beschließen die Karmelitinnen von Alba de Tormes: „Wir wollen unserer Mutter eine würdigere Grabstätte bereiten!" Sie geben einen prunkvollen Sarg in Auftrag und lassen, als er fertiggestellt ist, das Grab Teresas öffnen. Die Schwestern trauen ihren Augen kaum – die Tote liegt völlig unversehrt in der Erde, wie man sie vor zwei Jahren beigesetzt hatte.

„Das ist ein Wunder!", raunen die Schwestern einander zu. „Sie war eine Heilige!" Darauf wird sie in dem neuen Sarg in der Klosterkirche bestattet. Teresas letzte Ruhestätte ist heute ein berühmter Wallfahrtsort, in den jedes Jahr viele Pilger aus aller Welt strömen.

Elfriede Prskawetz

WUSSTEST DU …

DIE HEILIGE TERESA VON AVILA war eine Mystikerin und Karmelitin. Sie wurde am 28. März 1515 in spanischen Avila, Kastilien, geboren. Ihr eigentlicher Name war Teresa Sánchez de Cepeda y Ahumada. Sie war das dritte Kind in der zweiten Ehe eines Adligen, der zum Christentum konvertiert war. Sie genoss unter der Anleitung ihrer Eltern eine fromme Erziehung. Obwohl es zu dieser Zeit nicht üblich war, lernte Teresa von Avila lesen und schreiben. Nachdem ihre Mutter 1527 gestorben war, wandte sich Teresa der Gottesmutter Maria zu. Vier Jahre später kam sie in das örtliche Kloster der Augustinerinnen, damit ihre Erziehung weitergeführt wurde. 1535 trat sie in den Orden der Karmelitinnen ein, weil sie sich vor der Ehe wegen der Unterdrückung von Frauen durch ihre Ehemänner fürchtete. Dieser Orden war im 15. Jahrhundert als weibliche Form des Ordens der Brüder der allerseligsten Jungfrau Maria vom Berge Karmel gegründet worden. Im Kloster hatte Teresa 1539 vor einem Bild mit Jesus eine „Bekehrung". Dadurch wurde sie noch frommer und pflegte ihre Freundschaft zu Jesus und Gott durch das Beten, wodurch sie sehr berühmt wurde. Nachdem sie 1560 ihr Kloster gegen den Widerstand ihrer Mitschwestern nach dem Vorbild der Einsiedler auf dem Berg Karmel reformiert hatte, gründete sie 1562 in Avila mit der Erlaubnis von Papst Pius IV. das Reformkloster der unbeschuhten Karmelitinnen San José, wo wieder die ursprüngliche Ordensregel galt und strengste Klosterzucht herrschte. Hier fügte Teresa sich auch den Klosternamen „von Jesus" hinzu. Sie gründete insgesamt 31 Klöster und eine Missionsstation.

Am 4. Oktober 1582 starb Teresa von Avila in Alba de Tormes (bei Salamanca). Sie wird von der katholischen Kirche als Heilige verehrt, ihr Gedenktag ist der 15. Oktober.

HIMMELSWEGE ZEIGT MIR ...

Meine Lieblingsheilige ist ...

„... Theresia von Avila. Diese spanische Karmelitin und Mystikerin aus dem 16. Jahrhundert ist mein großes Vorbild. Sie ging ins Kloster, um frei zu sein. Zu ihrer Zeit durften Ehefrauen nichts selbst entscheiden, und sie wollte sich nicht der Verfügungsgewalt eines Ehemanns unterwerfen.

In einer Zeit, als nur Männer das Wort Gottes interpretieren und verbreiten durften, nahm sie für sich in Anspruch, dass Gott zu ihr ganz persönlich durch Visionen spricht. Sie hatte diese falsche Demut nicht, diese unfreiwillige Bescheidenheit, zu der Mädchen damals erzogen wurden.

Sie war selbstbewusst und eitel. Das hat mir immer sehr imponiert. Als ihr das Porträt nicht gefiel, das ein Maler von ihr angefertigt hatte, sagte sie sinngemäß zu ihm: „Ich bitte Gott um Verzeihung für dich, weil du ihn beleidigt hast. Gott hat mich schön geschaffen, und du hast mich hässlich gemalt."

Sie war fromm mit einem guten Hausverstand, aber sie mochte das Frömmelnde nicht. Einem übertrieben frommen Berater hätte sie immer einen intelligenten vorgezogen. Auch überzogene Vorstellungen von Askese waren ihr ein Gräuel. Darum wird ihr der Satz „Wenn fasten, dann fasten, wenn Rebhuhn, dann Rebhuhn" zugeschrieben. Sie konnte offensichtlich genießen und wusste gutes Essen zu schätzen.

Sie ist viel gereist und hat über 30 Reformklöster gegründet. 1970 ernannte Papst Paul VI. sie und Katharina von Siena zu Kirchenlehrerinnen – die ersten weiblichen Kirchenlehrer überhaupt. Sie ist einfach eine ungewöhnliche Frau, eine Ausnahmeerscheinung in der Kirchengeschichte, aber auch in der Geschichte der Frauen.

Das alles macht die heilige Theresia, die zu Recht den Beinamen „die Große" trägt, so anziehend für mich. Früher wie heute.

Schwester Lea Ackermann

Der Stier: ein edles Opfertier

Ich bin der Evangelist Lukas. Auch ich habe die Geschichte von Jesu Geburt bis zu seinem Tod für die Menschen aufgeschrieben.

Ich beginne die „Frohe Botschaft" mit der Erzählung von Zacharias. Er bringt gerade im Tempel ein Opfer dar, als ein Engel ihm sagt, dass seine Frau Elisabet ein Kind bekommen wird. Dieses Kind ist Johannes, der später einmal Jesus taufen wird.

Weil ich am Anfang des Evangeliums von einem solchen Opfer berichte, haben die Menschen mir das Symbol des Stieres zugeordnet. Zur Zeit Jesu zeigten die Menschen mit einem Opfer im Tempel, wie zum Beispiel einem Stier: Wir glauben fest an Gott. Er ist groß und mächtig. Dafür soll der große und kräftige Stier ein Zeichen sein.

Lukas
Apostel, Evangelist

Geboren: unbekannt

Gestorben: um 150

Gedenktag: 18. Oktober

Patron der Ärzte, Maler, des Viehs und des Wetters

Kennzeichen/Attribute: Stier, Buchrolle, Marienbild, Schreibfeder

WISSENSWERT

DER VERFASSER DES LUKASEVANGELIUMS und der Apostelgeschichte wird der Tradition nach als Evangelist Lukas bezeichnet. Er wendet sich in seinen Schriften an die hellenistischen Christen und soll um 150 in Theben gestorben sein. Sein Evangelistensymbol ist der geflügelte Stier.

Kirchenväter bezeichnen den Evangelisten Lukas als identisch mit dem gleichnamigen Mitarbeiter des Apostels Paulus, den dieser als Arzt und lieben Freund bezeichnet. Er soll auch bei den in der Apostelgeschichte berichteten Reisen des Paulus teilweise dabei gewesen sein. Von diesem Lukas wird erwähnt, er stamme aus Antiochia in Syrien. Die moderne Forschung bezweifelt mehrheitlich diese personelle Identität. Nach einer sehr viel jüngeren Tradition gilt Lukas als der erste Maler von Marienbildern und Abbildungen der Apostel Petrus und Paulus.

357 wurden Reliquien des Lukas nach Konstantinopel gebracht, die später in einem Marmorsarkophag in einer Seitenkapelle der Kirche Santa Giustina in Padua bestattet wurden. Eine Hälfte des Kopfes gelangte nach Rom, die andere befindet sich in Prag. Als 1998 der Sarkophag in Padua nach ungefähr 600 Jahren geöffnet wurde, untersuchte man die Gebeine und stellte fest, dass das Prager Schädelfragment und die Paduaer Reliquien zusammengehören. Weitere Untersuchungen ergaben, dass die Gebeine etwa 1900 Jahre alt sind und auf eine orientalisch-syrische Herkunft hindeuten.

Lukas ist Patron der Ärzte und Maler, weshalb sich im Mittelalter Künstler unter dem Namen Lukasgilde zusammenschlossen. Die Neubeleber der religiösen Kunst im 19. Jahrhundert, die später ihrer Kleidung und Haarfrisur wegen spöttisch „Nazarener" genannt wurden, bezeichneten sich selbst als „Lukasbrüder".

Sankt Lukas, heiliger Mann

$\quad$ = 112

Sankt Lu - kas, Sankt Lu - kas, du hei - li - ger Mann, zeig uns den Weg zu

Gott, dem Herrn und geh uns vo - ran. Wir lo - ben und wir dan - ken Gott, so

gut es je - der kann. Sankt Lu - kas, Sankt Lu - kas, du hei - li - ger Mann.

1. Als gu - ter Arzt war er be - kannt, er nahm die Schwächs - ten an die Hand, und
2. Lu - kas hat Je - sus nicht ge - kannt. Er zog mit Pau - lus durch das Land und
3. Zu - erst war Lu - kas Hei - de, bis er sich als Christ dann tau - fen ließ. Er
4. Er schrieb, dass nie - mand es ver - gisst, was Mit - te uns - res Glau - bens ist: vom
5. Von den A - pos - teln schrieb er dann, was man bis heut noch le - sen kann und

er ver - gaß die Kran - ken nie. Er trös - te - te und heil - te sie. Vor
hört sich's im - mer wie - der an, was Je - sus einst ge - sagt, ge - tan. Er
hat - te ihn von Her - zen lieb. Und al - les, was er nie - der - schrieb, er -
Kind im Stall, von Angst und Not, von Auf - er - ste - hung nach dem Tod. Sein
was sonst längst ver - ges - sen wär, gäb es sein Buch von einst nicht mehr. Er

vie - len Jah - ren war das schon, bis heut er - zählt man noch da - von.
hör - te zu und schrieb da - rauf, was er von Je - sus hör - te, auf.
zählt uns heut und macht uns klar, wie da - mals das mit Je - sus war.
E - van - ge - lium bringt uns nah, was einst mit Got - tes Sohn ge - schah.
dien - te Gott sein Le - ben lang. Wir sa - gen ihm von Her - zen Dank.

© 2008 by Robert Haas Musikverlag, 87439 Kempten, www.robert-haas.de.
Text: Rolf Krenzer, Musik: Robert Haas

Das Leben ist ein Geschenk

Es ist später Abend des 2. April im Jahr 2005. Auf dem Petersplatz in Rom versammeln sich Tausende Menschen aus allen Ländern der Erde. Einige von ihnen verharren bereits seit vielen Stunden auf dem Platz. Sie singen leise oder beten, sie unterhalten sich mit gedämpfter Stimme oder schweigen. Trotz der großen Anzahl von Menschen liegt eine erstaunliche Stille über der Stadt Rom.

Gleichzeitig ist den Menschen eine gewisse Unruhe, ein fast greifbare Anspannung anzumerken. Immer wieder schauen sie wie gebannt hinauf zum Päpstlichen Palast. Drei hell erleuchtete Fenster in der oberen Etage ziehen in der Dunkelheit dieser Nacht ihre Blicke auf sich. Die Menschen spüren, dass dort etwas Besonderes passiert. Plötzlich geht ein Raunen durch die Menge. Die Lichter in den Räumen des Päpstlichen Palastes werden gelöscht und am Petersdom setzt sich die schwere Totenglocke in Bewegung. Als diese mit dunkler Stimme ihre Nachricht in die Nacht hinausruft, wissen die Menschen: Johannes Paul II. ist tot! Und er fehlt der Welt bereits in diesem Moment! Warum? Was hatte dieser Mann, was andere nicht hatten?

Eigentlich hieß er Karol. Karol Wojtyla. Er wuchs zu Beginn des 20. Jahrhunderts in einer kleinen polnischen Stadt auf, war ein fröhlicher, sportlicher Junge. So wie seine Eltern und sein

> **Wenn du einsam bist, suche jemanden, der noch einsamer ist. Ihr werdet einander trösten, miteinander aufbrechen und die Welt verändern.**
>
> Johannes Paul II.

Bruder glaubte auch Karol sehr fest an den lieben Gott. Gott sei Dank, denn ohne den lieben Gott wäre Karol eventuell schon früh zerbrochen: Als Junge verlor er seine geliebte Mutter, als Jugendlicher seinen einzigen Bruder und als Student seinen so sehr verehrten Vater. Karol war tief erschüttert, und ohne das Wissen, dass Gott ihn nie allein lassen würde, wäre er vielleicht verzweifelt.

Karol hatte also schon früh lernen müssen, dass das Leben ein Geschenk war, keine Selbstverständlichkeit, und dass es von heute auf morgen vorbei sein konnte. Der Tod, das wusste er nun, gehörte zum Leben dazu – auch wenn es noch so wehtat.

Und noch eine schmerzliche Erkenntnis musste Karol schon recht früh machen: dass zwar in seinen Augen jedes Leben ein Geschenk Gottes war und damit uneingeschränkt wertvoll, dass es aber doch sehr viele Menschen gab, die vom lieben Gott und damit vom Wunder des Lebens nichts wissen wollten.

Johannes Paul II.

Papst

Geboren: 18.5.1920

Gestorben: 2.5.2005

Gedenktag: 22. Oktober

Patron der slowakischen Bergretter

Karol erlebte während seiner Studienzeit, dass die Nationalsozialisten um ihren Führer Adolf Hitler herum die Auffassung hatten, dass nicht jeder Mensch die gleiche Würde besitze. Sie teilten die Menschen in Gute und Schlechte ein, in lebenswertes und lebensunwertes Leben. Die Nazis fühlten sich dazu bemächtigt, andere Menschen zu beschimpfen, zu quälen und zu töten – ganz nach ihren persönlichen Bedürfnissen.

Nach dem Ende der Herrschaft der Nazis, als Karol dachte, man könne endlich wieder in Freiheit und Frieden leben, fielen die Kommunisten in Polen ein. Auch diese wollten von Gott und der Würde des Menschen nichts wissen. Wieder musste Karol erfahren, wie ungerecht und grauenhaft Menschen doch miteinander umgehen konnten.

Er, der eigentlich hatte Schauspieler werden wollen, beschloss nun, Priester zu werden. Er wusste: Wo der Mensch nicht spürt und erkennt, dass er selbst, aber auch jeder andere Mensch, unendlich wertvoll ist, da wird er keinen Grund sehen, liebevoll und voller Respekt mit sich und dem Mitmenschen umzugehen. Das war es, was Karol den Menschen sagen und vorleben wollte.

Und die Menschen verstanden ihn und seine Botschaft. Sie mochten und respektierten ihn, selbst wenn sie seine Meinung nicht immer teilten. Aber sie erkannten seine große Liebe zu den Menschen und so gab es niemanden, der sich nicht in seiner Nähe wohlfühlte. Er vermittelte ihnen Freude am Leben und gab ihnen das Gefühl, ohne Wenn und Aber angenommen zu sein. Gleichzeitig hatte Karol aber auch keine Angst, laut und deutlich seine Meinung zu sagen.

Solche Menschen brauchte man in einer Zeit, da Kriege und Unterdrückung die Welt bestimmten! Und so bekam Karol sehr viel Zuspruch –

HIMMELSWEGE ZEIGT MIR ...

Ein ganz besonderer Heiliger ...

... ist für mich Johannes Paul II., weil wir Deutsche unsere staatliche Einheit entscheidend auch ihm verdanken. Dass der Eiserne Vorhang gefallen ist und die Menschen Osteuropas nun teilhaben können an Demokratie und politischer Freiheit, daran hat er in besonderer Weise mitgewirkt. Karol Wojtyla bleibt als einer der Väter der Freiheit im 20. Jahrhundert unvergessen.

Jürgen Rüttgers,
ehem. Ministerpräsident
von Nordrhein-Westfalen

nicht nur aus der Bevölkerung, sondern auch aus den Kreisen wichtiger Kirchenmänner. Sie trauten ihm viel zu, weihten ihn zum Bischof, ernannten ihn zum Kardinal und schließlich wählten sie ihn sogar zum Papst.

Seine Aufgaben hatten sich im Laufe der Jahre verändert, der Anspruch, den er an sich und sein Leben stellte, nicht. Er wollte bei den Menschen sein, am liebsten hätte er jeden Einzelnen auf der Welt kennen gelernt. Und so reiste er bis in den letzten Winkel der Erde, um Menschen zu begegnen und um den Boden, auf dem sie lebten, zu küssen als Ausdruck seiner Bereitschaft, ihr Land und ihr Leben zu respektieren. Unerbittlich kämpfte er dafür, dass sich die Menschen verschiedenster Religionen austauschten, und mischte sich immer dort in das Geschehen ein, wo die Würde der Menschen in Vergessenheit zu geraten schien. Unerträglich schien ihm der Gedanke, dass auch nur ein einziges Baby im

**In Jesus zeigt uns Gott
sein mitfühlendes Herz.**

Johannes Paul II.

Bauch seiner Mutter sterben muss, und ebenso undenkbar war es für ihn, dass ein Mensch sich für sein Altern und Sterben schämen musste.

Als er schließlich selbst schwer erkrankte und immer schwächer wurde, beschloss er, seine Schmerzen, sein Leiden und schließlich auch sein Sterben mit allen zu teilen. Gegen den Rat seiner Freunde ließ er die Welt zusehen, wie ihm das Laufen immer schwerer fiel, wie sein Körper immer entstellter wurde, wie seine Stimme ihn verließ. Für ihn war das kein Ausdruck von Würdelosigkeit, sondern ein Zeichen des tiefen Respekts für das, was Jesus ihm vorgelebt hatte, und für jene Menschen, die Tag für Tag ihr Leid trugen. Er zeigte der ganzen Welt, wie ernst er das Geschenk seines Lebens nahm und dass er bereit war, es mit aller Konsequenz anzunehmen und zu leben.

Kein Wunder also, dass die Menschen ihn selbst im Moment seines Sterbens nicht allein ließen. Sie fühlten sich von ihm eingeladen, ihm bis zum seinem letzten Atemzug nahe zu sein.

Karol fehlt der Welt. Sein ganzes Leben lang hatte er nur ein Ziel vor Augen: dem Menschen seine Würde zu zeigen und zu erhalten – mit allen Rechten, aber auch mit allen Pflichten, die sich damit verbinden. Menschsein hieß für Karol, Geschöpf Gottes zu sein, geschaffen zum Wohl ALLER. Er hatte in seiner Jugend in Polen miterleben müssen, wie Menschen, die nur an sich selbst denken, unglücklich werden und dann auch keinem anderen mehr das Glück gönnen. So sah er Eifersucht, Streit, Hass, Krieg und Men-

schenverachtung entstehen. Statt aber deshalb zu verzweifeln, hat er den Glauben an Gott und an das Gute im Menschen nie aufgegeben. Er trat für die Menschenwürde und die Menschenrechte ein. Mit seiner Ausstrahlung zog er die Menschen in seinen Bann – und deshalb hatten sie so manches Mal das Gefühl, dass er, Karol Wojtyla, dem lieben Gott irgendwie besonders nahezustehen schien!

An jenem Abend des 2. April 2005 hatten die Menschen einen Freund verloren und gleichzeitig ein Vorbild und einen Fürsprecher bei Gott gewonnen.

Caroline von Ketteler

Hubertus und der Hirsch

Hubertus ist glücklich. Er ist der erste Sohn des Grafen Bertrand von Toulouse, seine Mutter führt die Familienburg als herzensgute Gräfin, die Eltern schenken ihm eine behütete Kinder- und Jugendzeit. Immer ist Gott mit dabei, es wird zusammen gebetet, gemeinsam feiert man die Kirchenfeste.

Der glücklichste Tag für Hubertus aber kommt, als er an einem strahlenden Sommertag Floribana heiratet. Die beiden passen so wunderbar zusammen, als habe Gott bei ihrer Geburt geplant, dass sie eines Tages ein Paar werden. Aber das Glück, das ein ganzes Leben anhalten soll, wird jäh durch ein schlimmes Unglück zerstört. Floribana ist schwanger und erwartet ihr erstes Kind. In den letzten Tagen vor der Geburt wacht Hubertus Tag und Nacht bei ihr, um ihr bei allem zu helfen und um gleich da zu sein, wenn das Baby kommt. Doch es passiert eine Katastrophe: Floribana stirbt bei der Geburt des Kindes.

Hubertus ist verzweifelt. Er liebt seinen Sohn über alles, aber ein Leben ohne Floribana, wie sollte das gehen? Um den Schmerz zu betäuben, stürzt er sich in alle möglichen Abenteuer, er rauft sich und bringt

sich mit halsbrecherischen Ritten auf seinem Pferd in Lebensgefahr.

Schließlich zieht er sich immer mehr von den Menschen zurück, das Jagen wird seine einzige Leidenschaft. Allein auf dem Pferd durch die dunklen Wälder zu preschen, dem Rehbock oder dem Wildschwein hinterher, bis er das Wild endlich erlegt hat, das erscheint ihm nun als die schönste Beschäftigung.

So verfolgt Hubertus auch an diesem nebligen Herbsttag seit Stunden schon eine wunderschöne Hirschkuh, die ihm aber geschickt immer wieder entkommt. Dunkler und schwärzer wird der Wald, und bald bekommt es Hubertus mit der Angst zu tun. Wo ist er da hingeraten? Von der Hirschkuh fehlt mit einem Male jede Spur!

Hubertus steigt von seinem erschöpften Pferd ab, gibt ihm Hafer aus dem Leinenbeutel, trinkt

HUBERTUS-BROT

MACH MIT!

Du brauchst:

1 Ei
2 Scheiben Käse
1 Scheibe Brot
1 Scheibe Kochschinken
Salz, Pfeffer, Paprikapulver

So wird's gemacht:

Das Brot toasten. Kochschinken und Käse darauflegen. Das Ei in der Pfanne so lange braten, dass das Eigelb noch etwas flüssig ist. Nach Geschmack würzen und auf das Brot legen. Warm servieren.

selbst ein paar Schlucke Wasser. Da! Er traut seinen Augen kaum: Wenige Meter von ihm entfernt steht plötzlich majestätisch ein großer Hirsch und schaut ihn mit warmen, braunen Augen an. Im Geweih des Hirsches leuchtet ein großes, strahlendes Kreuz. Und da hört er auch die Stimme: „Hubertus, hast du mich vergessen?"

Hubertus fällt zu Boden. Ja, er hatte Gott tatsächlich vergessen. Der Schmerz über den Tod von Floribana hatte ihn blind gemacht. So blind, dass er sich nicht einmal mehr an die Liebe Gottes erinnerte. Er weint und schluchzt. Alles Leid bricht aus ihm heraus. Aber gleichzeitig hört er zum ersten Mal nach langer Zeit auch wieder die Vögel singen. Hubertus betet. Dann bittet er Gott um Verzeihung.

Hubertus gibt seinen kleinen Sohn in die Obhut seiner Eltern. Vom Bischof empfängt er die Priesterweihe, und fortan arbeitet er als einfacher Missionar. Das Volk liebt ihn. Ja, er ist wieder glücklich. Jahre später kommen Boten zu Hubertus und teilen ihm mit, dass er zum Bischof von Maastricht-Tongern gewählt wurde. Das will Hubertus überhaupt nicht, er wehrt sich heftig. Da mischt Gott sich ein zweites Mal ein: Hubertus sieht einen Engel vom Himmel herunterkommen und ihm eine Stola umlegen. Er kniet sich nieder und nimmt die Wahl zum Bischof an.

20 Jahre lang ist Hubertus ein vorbildlicher Bischof. Friedlich stirbt er im Alter von 70 Jahren. Sein Grab in der Abtei St. Hubertus in den Ardennen ist bis heute ein viel besuchter Wallfahrtsort.

Vera Schauber und Michael Schindler

Hubertus von Lüttich

**Bischof von Tongern,
Apostel der Ardennen**

Geboren: um 655

Gestorben: 30.5.727

Gedenktag: 3. November

**Patron der Ardennen, der Jäger, Forstleute,
Schützen, Metzger, Optiker**

**Kennzeichen/Attribute: Hirsch, Horn, Hund,
Jäger, Schlüssel**

> Lieber Gott,
> du hast uns deine Schöpfung anvertraut.
> Alles, was lebt, lässt uns
> deine Nähe spüren.
> Die Gänseblümchen und der Apfelbaum,
> die Rehe und die Hirsche,
> die Fische und die Vögel.
> Lass uns nicht blind für die Schönheit
> deiner Schöpfung sein und zeige uns,
> wie wir mithelfen können,
> die Pflanzen und Tiere zu beschützen.
> Amen.

WISSENSWERT

HUBERTUS VON LÜTTICH wurde um 655 in Toulouse geboren und lebte zunächst als Pfalzgraf am Hof Theoderichs III. in Paris und später in Metz am Hof Pippins des Mittleren, der wohl ein Verwandter von ihm war. Als Hubertus' Frau starb, ging er als Einsiedler in die Wälder der Ardennen. Nach der Ermordung von Bischof Lambert um 705 wurde Hubertus Bischof von Tongern-Maastricht. Um 715 verlegte er den Bischofssitz von Maastricht nach Lüttich, ließ dort eine Kathedrale bauen und übertrug die Gebeine Lamberts nach Lüttich.

Hubertus starb am 30. Mai 727 in Tervueren bei Brüssel. Seine Reliquien wurden am 3. November 743 erhoben und 825 in das Ardennenkloster Andagium übertragen, das seitdem Saint Hubert hieß. Der Tag der Erhebung der Gebeine des heiligen Hubert wurde zu seinem Gedenktag, aber regional wird auch sein Todestag, der 30. Mai, gefeiert. Die Gebeine des Heiligen sind seit den Hugenotteneinfällen 1568 verloren. Mit der Legende des heiligen Hubertus verbunden hat sich ein Legendenteil, der früher mit dem heiligen Eustachius verbunden war: das Erscheinen eines (weißen) Hirschs, der zwischen dem Geweih ein Kreuz trug. Hubertus soll als Einsiedler diese Erscheinung gehabt und als Hinweis verstanden haben, sich wieder den Menschen zuzuwenden.

Die Verknüpfung dieser Legende mit der des Hubertus hat dazu geführt, ihn zum Schutzpatron der Jagd und der Jäger zu machen. In Anspruch nehmen ihn aber auch die Schützen, Kürschner, Metzger, Metallarbeiter, Büchsenmacher, Optiker und die Hersteller mathematischer Geräte. Traditionell finden am 3. November Hubertusjagden statt und – oft in freier Natur – wird eine Hubertusmesse gefeiert, zu der Parforcehörner gespielt werden.

Mit den Heiligen Antonius der Große, Quirinus und Cornelius wird Hubertus als einer der Vier Rheinischen Marschälle bezeichnet, gilt also als besonders wundermächtig und einflussreich am Throne Gottes. Regional wird Hubertus auch zu den Vierzehn Nothelfern gerechnet.

Das religiöse Brauchtum hat dem heiligen Hubertus die Fähigkeit zugewiesen, vor Hundebissen und Jagdunfällen Schutz zu gewähren. Dazu dient der „Hubertus-Schlüssel" am Hundehalsband. Am Hubertustag geweihtes Salz und Brot (Hubertus-Brot) schützen Hunde und Haustiere gegen Tollwut („mal de St. Hubert").

Jesus ruft Martin

In Ungarn lebte vor vielen hundert Jahren ein römischer Offizier. Er hatte eine Frau und einen Sohn, den er Martinus nannte, das bedeutet „Kriegsmann". Er wünschte sich, dass Martin ein genauso guter Soldat würde wie er. Kaum war Martin 15 Jahre alt, schickte der Vater ihn zur Ausbildung in die Kaserne des römischen Kaisers.

Der römische Kaiser hatte Martin und seinen Kameraden befohlen, nach Frankreich zu reiten. Es war kalt, fast schon eisiger Winter.

Martin wollte gerade durch das Stadttor in die Stadt Amiens reiten, da sah er am Weg einen Bettler sitzen. Dem Bettler war schrecklich kalt, weil er nur Lumpen trug. Außerdem war er sehr hungrig. Martin sah den Mann. Der Bettler tat ihm leid. Er ritt auf ihn zu, nahm seinen weiten Soldatenumhang von den Schultern und sein Schwert in die Hand. Damit teilte er den Umhang und gab eine Hälfte dem Bettler. Seine Kameraden staunten und dachten: „Der Martin, der ist wohl verrückt geworden!"

Aber dann nahm Martin auch noch ein Stück Brot aus seinem Proviantbeutel und gab es dem armen Mann. Bevor der sich bedanken konnte, war Martin schon durch das Tor in die Stadt geritten.

Nachts schlief Martin in der Kaserne. Da hatte er einen Traum. Es wurde warm und hell. Jesus kam auf ihn zu

Martin von Tours

Bischof

Geboren: um 316

Gestorben: 8.11.397

Gedenktag: 11. November

Patron der Bistümer Mainz, Rottenburg-Stuttgart und Eisenstadt, der Soldaten, Reiter, Bettler, Weber, Tuchhändler, Reisenden, Armen

Kennzeichen/Attribute: Bettler, Gans, Mantel, Pferd, Pokal, Soldat

und trug eine Hälfte von Martins Soldatenmantel. Er sagte: „Martin, obwohl du noch nicht getauft bist, hast du Gutes an mir getan. Der Bettler, dem du geholfen hast, das war ich selbst!"

Martin erwachte aus seinem Traum. Er erinnerte sich an seinen Taufunterricht. Da hatte er gehört, dass Jesus gesagt hat: Was ihr für einen armen Menschen tut, das tut ihr für mich.

Martin stand auf, suchte einen Priester in der Stadt Amiens und ließ sich taufen. Der Priester sagte: „Martin, ich taufe dich im Namen des Vaters und des Sohnes und des Heiligen Geistes." Dabei goss er ihm Wasser über den Kopf. Jetzt war Martin wirklich ein Christ.

Nach einiger Zeit ging Martin zu seinem Oberst und sagte: „Hier, nimm mein Schwert und meine Uniform. Ich will nicht mehr Soldat sein, sondern nur noch meinem Herrn Jesus Christus dienen!"

Der Oberst wollte ihn überreden zu bleiben, aber Martin wollte nicht. Er ging zu seinen Eltern zurück und erzählte ihnen von seinem Erlebnis

Begegnung

Hast du den Bettler gesehen?
Der Bettler ist alt und schwach,
durchfroren bis in die Zehen,
gezeichnet von Ungemach.

Er hockt an der Mauerecke,
wo sonst nur die Abfälle sind.
Die blattlose Dornenhecke
schützt nicht vor dem eisigen Wind.

Der Bettler, zum Leben geboren,
endet in bitterer Not,
hat es schon heute verloren,
wünscht sich einen baldigen Tod.

Da kommt der Martin geritten.
Er fragt nicht woher und warum,
zertrennt seinen Mantel inmitten
und reicht den halben ihm stumm.

Der Bettler will „Danke!" noch rufen,
doch Martin reitet schon fort
mit trabenden Pferdehufen
hinein in den nächtlichen Ort.

Im Traume hört Martin IHN sagen:
„Ich danke dir für deine Tat.
Du gabst, ohne lange zu fragen,
worum ich als Bettler dich bat."

Ortfried Pörsel

MARTINSGÄNSE BACKEN

MACH MIT!

Du brauchst:

500 g Weizenmehl
40 g Hefe
1/8 l Milch
2 Eier
60 g Zucker
1 Päckchen Vanillinzucker
1 Prise Salz
50 g Butter
Mandeln

So wird's gemacht:

Die Zutaten in eine Rührschüssel geben, die Hefe darin zerbröckeln. Alles zu einem glatten Teig kneten. Den glatten Teig im Backofen 5–10 Minuten gehen lassen (50 °C), dann den Backofen ausschalten und den Teig noch 10–20 Minuten darin stehen lassen; dann herausnehmen und noch einmal gut durchkneten. Jetzt kannst du aus dem Teig die Gänse formen.
Den geformten Teig auf ein mit Backpapier ausgelegtes oder eingefettetes Backblech legen, mit Butter bestreichen und evtl. mit Mandeln verzieren, dann im Backofen 20–30 Minuten backen (190–210 °C).

mit Jesus. Seine Mutter ließ sich überzeugen und wurde auch in die Gemeinschaft der Christen aufgenommen. Sein Vater aber wurde zornig und wollte nichts mehr von ihm wissen. Für ihn war es eine Schande, dass Martin nicht mehr Soldat sein wollte.

Deshalb ging Martin wieder nach Frankreich zu einem Freund, dem Bischof Hilarius in Poitiers. Bischof Hilarius lehrte Martin vieles und wollte gerne, dass er Priester und ein berühmter Mann würde.

Aber auch das wollte Martin nicht. Er zog sich zurück und baute an einem unbedeutenden Ort ein kleines Kloster, in dem er bescheiden leben konnte. Er betete, besuchte die Menschen in seiner Nähe, tröstete sie, wenn sie traurig waren, und konnte viele ihrer Leiden lindern. Deshalb kamen viele Leute zu ihm, die ihn verehrten und von wundersamen Heilungen erzählten.

Elsbeth Bihler

Geteilte Freude

Ich teile meine Freude
mit allen, die ich mag,
da haben viele Leute
viel Freude jeden Tag.

Und jeder teilt sie weiter,
so wird sie niemals leer,
so wird aus einer Freude
ein Dutzend und noch mehr!

Denn mit geteilter Freude,
es ist fast wie verhext:
Wie oft wir sie auch teilen,
sie wächst und wächst und wächst!

Weisheitsspruch

Heiliger Martin, guter Mann

1. Du hei - li - ger Mar - tin, du gu - ter Mann, ach rei - te, bit - te
2. Sankt Mar - tin, dein Man - tel ist dick und warm. Du teilst ihn mit dem
3. Gäb' je - der wie Mar - tin so leicht was her, dann gäb' es auf der
4. Wir ziehn hin - ter Mar - tin im lan - gen Zug. Sankt Mar - tin, lehr' uns
5. Es sagt die La - ter - ne mit ih - rem Licht: Ver - gesst wie einst Sankt
6. Du hei - li - ger Mar - tin, du gu - ter Mann, drum rei - te, da - rum

rei - te un - serm Zug vo - ran. Ach un - serm Zug vo - ran.
Bett - ler, denn der ist so arm. Du denn der ist so arm.
Er - de kei - ne Ar - mut mehr. Dann kei - ne Ar - mut mehr.
tei - len, je - der hat ge - nug. Sankt je - der hat ge - nug.
Mar - tin an - dre Men - schen nicht. Ver - an - dre Men - schen nicht.
rei - te un - serm Zug vo - ran. Drum un - serm Zug vo - ran.

© 2008 by Robert Haas Musikverlag, 87439 Kempten, www.robert-haas.de.
Text: Rolf Krenzer, Musik: Robert Haas

WÄHREND FAST ALLER HEILIGEN an ihrem Todestag gedacht wird, macht der heilige Martin eine Ausnahme. Er starb am 8. November 397, man gedenkt seiner aber am 11. November. Den Grund sehen moderne Volkskundler darin, dass der 11. November bereits im 4. Jahrhundert ein Bauernfeiertag war, sozusagen ein zweites Erntedankfest, an dem die geernteten Früchte bereits verarbeitet, der neue Wein erstmals verkostet und das Personal gewechselt wurde. Es begannen die Bauernfeiertage, an denen Knechte und Mägde Eltern und Verwandten besuchen konnten, die Feldarbeit eingestellt war und auf dem Hof nur noch die Tiere zu versorgen und Reparaturen auszuführen waren.

In der gallikanischen Liturgie war Martini in der Folgezeit der letzte Festtag vor der sechswöchigen (!) Advents- und Fastenzeit (= Epiphaniasfastenzeit, Weihnachtsfasten, Adventsfastnacht), der – wie alle hohen Feiertage – mit der ersten Vesper am Vorabend, dem Lucernarium (d. h. Zeit des Lampenanzündens), begann. Der Martinstag hatte in der frühen Kirche einen Schwellenfest-Charakter wie Aschermittwoch. Gänsmartin wurde der dies Sancti Martini auch genannt und war damit, neben dem Hasenbartl und dem Schweinethomas, einer der drei Heiligen- und Schmaustage.

Mit den Jahren überlagerte der Festcharakter des Tages als Heiligengedenktag den bäuerlich geprägten Tag und inkulturierte das bäuerliche Brauchtum in den kirchlichen Festtag. Selbst sprachlich schlug sich dieser Umstand nieder: „martiner" oder „faire la Saint Martin" bezeichnet in Frankreich „gut essen und trinken". Passend ergänzt wird diese Redeweise im Französischen durch „mal de Saint Martin", die Bezeichnung für Kopfschmerzen und Magenbeschwerden infolge von übermäßigem Essen und Trinken.

Aus der Pachtgans, die am Martinstag zur Begleichung der „kleinen Pacht" für ein Stück Acker oder eine Wiese fällig war, wurde deshalb die „Martinsgans". Der Tag des heiligen Martin galt verschiedenenorts auch als Steuertag, sodass Martin auch zum Steuerheiligen wurde. Es hieß: „Auf Martini ist Zinszeit." Dieser Sprichwortsinn verband sich mit dem Heiligen zur Redensart: „Sankt Martin ist ein harter Mann, für den, der nicht bezahlen kann."

Wer war dieser heilige Martin? Geboren wurde er um 316/317 als Sohn eines römischen Offiziers in einem Gebiet, das heute zu Ungarn gehört. Als Offizierssohn musste er pflichtgemäß selbst Soldat werden. In jungen Jahren bereits Offizier einer Eliteeinheit, tritt Martin zum Christentum über und aus der Armee aus. Er lebt als Einsiedler, Mönch und Klostergründer, bis er zum Bischof von Tours berufen wird. Martin erlangt Berühmtheit als Hei-

denmissionar und Wundertäter. Unmittelbar nach seinem Tod schreibt Sulpizius Severus – nicht ganz uneigennützig – eine Heiligenvita. Es war die erste Heiligenvita des Christentums und der Vorläufer ungezählter Nachfolger.

Der lateinische Vorname Martinus nimmt Bezug auf den Kriegsgott Mars. Man könnte den Namen übersetzen als „zum (Kriegsgott) Mars gehörend" oder „Kämpfer, Kriegerischer". Seit dem Tod Martins von Tours ist Martin ein christlicher Vorname. Nach Gregor von Tours, neunzehnter Bischof in Tours von 573–594, hatte schon Perpetuus, der sechste Bischof von Tours (ca. 461–491), der anstelle des Oratoriums über dem Grab des Martin eine Basilika errichtete, die liturgische Verehrung von Sankt Martin angeordnet. Auch außerhalb des Frankenreiches verbrei-

tete sich die Martinsverehrung schnell. Nachweislich wurde der im Volksglauben „apostelgleiche" Sankt Martin im 5. Jahrhundert bereits als Heiliger angerufen; Martin war in der Westkirche der erste heilige Nichtmärtyrer, der sein Glaubenszeugnis durch sein bekennendes Leben (confessor) abgelegt hat. Martin personifiziert als Römer in Gallien den Übergang des heidnischen Reiches ins Christentum. Er wurde Patron des christianisierten Frankenreichs. Sein Kult verbreitete sich im Reich der Franken und vor allem nach Nordwestdeutschland, wo ihm erste Kirchen geweiht wurden (Nottuln unter Karl dem Großen). Besonders häufig ist Sankt Martin im Trie-

rer und Kölner Raum als Kirchenpatron und Volksheiliger anzutreffen, wo er auch im Volksbrauchtum lebendig blieb.

In der darstellenden Kunst wird Martin vor allem als Ritter (= Reiter) auf weißem Pferd (ein Schimmel charakterisiert einen Heiligen) dargestellt und steht damit neben den beiden anderen Rittergestalten Michael und Georg. Seltener wird Martin als Bischof mit einer strahlenden Hostie über dem Haupt oder als Bischof mit einer Gans dargestellt.

Die Teilung des Soldatenmantels mit dem Bettler und ihre – im Traum des Martin erfolgte – durch Christus selbst vollzogene Anerkennung als religiöse Liebestat wird als „Szene der Wohltätigkeit" bezeichnet. Der noch nicht Getaufte handelt konsequent nach Christi Auslegung von Gottes Liebesgebot: „Du sollst deinen Nächsten lieben wie dich selbst" (Mk 12,31; Mt 22,39) und erfährt im Traum die Bestätigung von Christus: „Was du dem geringsten meiner Brüder tust, das hast du mir getan" (Mt 25,40). In Martins Tun leuchtet die Konsequenz christlichen Lebens auf.

Die Mantelteilung Martins hat als symbolisches Tun drei verschiedene Bedeutungsebenen: Auf der ersten, der profanen Ebene ist die Teilung widersinnig, bloß Verlust. Wer teilt, bringt sich um die Hälfte seines Besitzes. Auf der zweiten, der sozialen Ebene wird aus dem Verlust ein Gewinn, denn Teilen macht Freude, weil überwundener Egoismus und überwundener egozentrischer Individualismus Gemeinschaft ermöglichen. Auf der dritten, der christlichen Bedeutungsebene geschieht das Teilen nicht nur aus humanistischen Gründen, sondern die humanen Folgen ergeben sich aus dem Beispiel Christi. Teilen heißt: wie Christus handeln. Bleibt die zweite Bedeutungsebene bei dem humanen Prinzip stehen: „Ich gebe, damit auch du mir gibst", überhöht die dritte, christliche Ebene: Ich gebe, weil auch Gott mir gegeben hat. Zu der bloß horizontalen Beziehung ist eine vertikale hinzugekommen, die die horizontale Beziehung nun bestimmt. Die Mantelteilung ist außerdem pars pro totum (d. h. ein Teil, das auf das Ganze verweist): So wie sich in der Tat die Essenz christlicher Glaubens- und Lebenshaltung zeigt, so zeigt die Tat selbst die christliche Grundhaltung: dem Nächsten beistehen, als sei er Christus selbst.

Wenn Brote als Rosen blühen

Elisabeth lebte vor etwa 800 Jahren. Sie war die Tochter von König Andreas von Ungarn. Sie war noch ein Kind, als ihre Eltern und die Eltern des jungen Ludwig von Thüringen beschlossen, dass Elisabeth und Ludwig einmal heiraten sollten. Ludwig war nur wenige Jahre älter als das Mädchen. Dass Eltern so etwas bestimmten, war damals ganz normal.

Mit 14 Jahren heiratete sie Ludwig. „Wirklich mit 14?", fragt ihr euch vielleicht. Ja, damals war auch das ganz normal. Und obwohl sie sich Ludwig nicht ausgesucht hatte und obwohl beide noch sehr jung waren, heißt es, dass diese Ehe glücklich war. Die beiden bekamen einen Sohn und zwei Töchter. Elisabeth kümmerte sich viel um die Armen und Kranken, die in der Gegend lebten. Das gefiel der Familie ihres Mannes nicht. „Vergeude nicht unser Geld!", sagten sie. Und manchmal ließ sich Ludwig von solchen schlechten Gedanken anstecken.

Aber Gott war auf Elisabeths Seite und half ihr. Davon erzählt diese Legende: Eines Tages wollte Elisabeth den hungrigen Menschen im Dorf Brot

Elisabeth von Thüringen
Landgräfin von Thüringen

Geboren: 1207

Gestorben: 17.11.1231

Gedenktag: 19. November

Patronin von Thüringen und Hessen, des Bistums Erfurt, Patronin der Witwen, Waisen, Bettler, Kranken

Kennzeichen/Attribute: Brote, Fische, Korb, Krone, Krug, Löffel, Rosen

**Wie kann ich
eine goldene Krone tragen,
wenn der Herr
eine Dornenkrone trägt?**

Elisabeth von Thüringen

bringen und packte einen großen Korb voll. Sie trug ihn unter ihrem weiten Mantel. Auf dem Weg von der Burg zu den Armen traf sie ihren Mann Ludwig. Er fragte sie unfreundlich: „Was hast du da unter dem Mantel? Verschenkst du etwa wieder etwas von unserem Essen? Du weißt, dass meine Familie das nicht leiden kann!" Elisabeth wusste nicht recht, was sie sagen sollte. Dann meinte sie: „Nein, nein, da sind Rosen im Korb." Ludwig glaubte ihr nicht und zog Elisabeths Mantel zur Seite. Und was sah er? Der Korb war tatsächlich voller Rosen! Froh ritt er weiter und sagte nie wieder etwas, wenn seine Frau gute Werke tat.

Leider hielt das Glück von Elisabeth und Ludwig nur kurz. Als Elisabeth ungefähr 20 Jahre alt war, starb ihr Mann. Eine schlimme Zeit begann für Elisabeth. Die Verwandten ihres Mannes hatten Elisabeth ja noch nie leiden könnten und verjagten sie jetzt von der Burg. Eine Weile lebte Elisabeth mit den drei Kindern in großer Armut. Dann halfen ihr ihre eigenen Verwandten. Elisabeth beschloss, nun ihre ganze Kraft für die Armen und Kranken einzusetzen. Sie wollte ganz einfach leben, so wie Jesus es getan hatte. Der heilige Franz von Assisi war ihr dabei ein großes Vorbild. Doch schon nach wenigen Jahren, im Jahr 1231, starb auch Elisabeth. Aber bis heute ist sie ein großes Vorbild für alle, die Menschen, denen es schlecht geht, helfen.

Petra Klippel

Ich singe von Elisabeth

$\quad$ = 90

Ro - te Ro - sen, ro - te Ro - sen blü - hen wun - der - bar.

Mit den Ro - sen, mit den Ro - sen wird ein Wun - der wahr.

1. Ich sin - ge von E - li - sa - beth, ihr Freun - de, hört's euch an. Hoch
2. Von die - ser Burg - frau singt mein Lied. Sie war so jung und zart. Der
3. Hoch auf der Wart - burg lebt man gut. Im Dorf herrscht gro - ße Not. Drum
4. Er lau - er - te ihr ein - mal auf. Und als sie kam da - her, da
5. „Was hast du da?", so schrie er laut. Ihn rühr - te nicht ihr Flehn. Er
6. „Ver - zeih mir!", rief er noch und ritt da - rauf zu - rück im Trab. E -

auf der Wart - burg leb - te sie. Graf Lud - wig war ihr Mann. Als
Schwa - ger Hein - rich war schon alt und herz - los, kalt und hart. Es
stieg E - li - sa - beth hi - nab und brach - te Wein und Brot. Wie
trug im Arm sie ei - nen Korb. Der Korb war voll und schwer. Mocht
riss ihr Tuch von ih - rem Korb, um sel - ber nach - zu - sehn. Dann
li - sa - beth ging mit dem Korb so - gleich ins Tal hi - nab, um

er zum Kreuz - zug muss - te, ver - traut' dem Schwa - ger er als - dann die
schlug ihm auf den Ma - gen, dass die - se Frau die Burg ver - ließ, um
tat der Schwa - ger wü - ten. Er schrie, das wä - re un - er - hört, weil
er sich drehn und re - cken, sie hat - te al - les gut ver - steckt, und
fing er an zu zit - tern: Der gan - ze Korb voll Ro - sen war, voll
ihn ins Dorf zu brin - gen. Die Ro - sen wa - ren wie - der Brot. Sie

Frau, die Burg und al - les an, weil er's nicht bes - ser wuss - te.
Fleisch und Brot und das und dies ins Dorf hi - nab - zu - tra - gen.
ihm doch al - les hier ge - hört und wollt es ihr ver - bie - ten.
noch mit ei - nem Tuch ver - deckt. Er konn - te nichts ent - de - cken.
Ro - sen rot und wun - der - bar. Wie tat ihn das er - schüt - tern.
dank - te froh und lob - te Gott. So will ich fröh - lich sin - gen.

© 2008 by Robert Haas Musikverlag, 87439 Kempten, www.robert-haas.de.
Text: Rolf Krenzer, Musik: Robert Haas

LANDGRÄFIN ELISABETH VON THÜRINGEN wurde am 7. Juli 1207 auf Burg Sárospatak in Ungarn als Tochter des ungarischen Königs Andreas II. und seiner Gemahlin Gertrud von Andechs geboren. Bereits im Alter von einem Jahr wurde Elisabeth mit dem späteren Landgrafen Ludwig IV. von Thüringen verlobt, 1211 übersiedelte sie nach Thüringen, dort erzog sie die fromme Landgräfin Sophie. Ohne jeden Zweifel war die hier eingegangene Beziehung zwischen den Thüringer Landgrafen und dem mit zahlreichen Adelshäusern und dem Kaiser verwandten Geschlecht derer von Andechs-Meranien eine politische Ehe. Sie hatte das Ziel, die antiwelfische Opposition zu stärken, an deren Spitze beide Familien standen.

1217 starb Landgraf Hermann I., der Vater des Verlobten Ludwig, sodass dieser mit 17 Jahren die Regentschaft übernahm, nachdem der eigentlich vorgesehene Bruder Hermann schon früh verstorben war. 1221 heiratete Ludwig die nun 14-jährige Elisabeth. Die Zeitzeugen berichten übereinstimmend, die Ehe sei sehr glücklich gewesen. Aus ihr gingen drei Kinder hervor: Hermann, Sophie und Gertrud. 1223/1224 gelangten die ersten Franziskaner nach Thüringen. Ihre Ideen fielen bei Elisabeth auf fruchtbaren Boden. Sie war den Franziskanern zugeneigt und ermöglichte deren Niederlassung in Eisenach.

Elisabeth stach durch ihre große Nächstenliebe hervor. Arme, Kranke und Hungernde fanden bei ihr immer ein offenes Ohr und offene Hände. Für ihr großes Engagement wurde sie aber nicht nur geliebt; Verwandte und Höflinge scholten sie der Verschwendung. Ihr Mann aber verteidigte sie gegen alle Anschuldigungen.

In Anwesenheit ihres Ehemannes gelobte sie 1226 dem Priester Konrad von Marburg als Seelenführer Gehorsam, sofern dadurch nicht die Rechte ihres Ehemannes geschmälert würden. Wenn sie Ludwig überleben würde, wollte sie keusch leben und sich in allem Konrad von Marburg unterwerfen.

Nur wenig später trat dieser Fall ein. Auf einem Kreuzzug starb Ludwig an einer Seuche. Weil der Erbnachfolger, der spätere Landgraf Hermann II., zu diesem Zeitpunkt erst fünf Jahre alt war, wurde ihr Schwager Heinrich Raspe IV. Regent. Ob dieser sie tatsächlich von der Wartburg vertrieben hat oder aber Missgunst Elisabeth bewegte, von allein zu gehen: Im Herbst 1227 verließ sie die Wartburg und lebte, weil sie in Eisenach kein Obdach fand, zeitweise unter erbärmlichsten Bedingungen in einem Schweinestall. Karfreitag 1228 entsagte sie in der Eisenacher Franziskanerkirche allem weltlichen Besitz, ihren Kindern und ihrem eigenen Willen. Sie lehnte eine Heirat mit dem verwitweten Kaiser Friedrich ab, zu der ihr ihre eigene Familie sehr riet.

WISSENSWERT

1229 baute sie in Marburg von dem Ersatz für die ihr eigentlich zustehenden Witwengüter ein nach Franziskus benanntes Hospital. Sie wirkte dort selbst als Pflegerin und lebte in ärmlichen Verhältnissen.

Elisabeth starb am 17. November 1231 mit 24 Jahren im Dominikanerinnenkloster Töss und wurde bereits vier Jahre nach ihrem Tod von Papst Gregor IX. heiliggesprochen. Weil der heiligen Elisabeth Wunder zugesprochen wurden, wurde Marburg zum nicht unbedeutenden Wallfahrtsort. Der Deutsche Orden, dem ihr Schwager Konrad von Thüringen angehörte und dessen Hochmeister er wurde, erweiterte das Spital und erbaute 1235 bis 1283 die Elisabethkirche, eine der ersten gotischen Kirchen in Deutschland, in die die Heilige umgebettet wurde. Seit der Reformation ist aber das Grab der Elisabeth leer, denn der zum Protestantismus übergetretene Philipp I. von Hessen hat 1539 die Reliquien aus dem Sarg entfernen lassen. Über ihren Verbleib ist nichts bekannt. Das Haupt der Elisabeth war 1236 bei der Erhebung der Gebeine Elisabeths vom Körper abgetrennt worden. Es wird heute in der Klosterkirche zur hl. Elisabeth in Wien aufbewahrt.

HIMMELSWEGE ZEIGT MIR …

Eine ganz besondere Heilige …

„… ist für mich Elisabeth von Thüringen. Sie wurde nur vierundzwanzig Jahre alt, aber sie hat tiefe Spuren hinterlassen, in unserem Land, in Europa, in der Welt. Elisabeth widerstand der Verführung des Reichtums, in den sie hineingeboren wurde. Sie hat genau hingeschaut und das Elend gesehen, das anderen widerfuhr. Sie hat es als ungerecht erkannt und nicht gezögert, selbst Hand anzulegen, um die Not zu lindern. Sie scherte sich nicht um die Konvention, widersprach mit ihrer tatkräftigen Nächstenliebe weltlichen Erwartungen und Denkmustern und wies falsche Ansprüche ihrer adeligen Zeitgenossen von sich. Sie folgte dem Gebot Gottes. Menschliche Ordnungen galten in ihren Augen nur etwas, wenn sie mit dem Glauben vereinbar waren. Nur wer dem Leben positiv gegenübersteht, hat die Kraft, sich dem Leid auszusetzen und mitzuhelfen, es zu beheben. Der Glaube bietet ein stabiles Fundament für die Sorge um Gottes ganze Schöpfung. Elisabeth von Thüringen ist ein leuchtendes Beispiel dafür.

Bundespräsident a. D. Horst Köhler

Wie Korbinian einen Bären zum Gepäckträger macht

Der Einsiedler Korbinian ist ein Wundermann. Ganz unglaubliche Dinge passieren in seinem Leben, so unglaublich, dass die Menschen, die es miterleben, nur noch staunen. Bald sagen alle, dass dieser Korbinian wohl ein besonders enger Freund von Gott sein muss und dass dieser ihm besondere Gaben mitgegeben hat. Da haben die Leute tatsächlich recht.

Korbinian lebt zusammen mit einigen Freunden in einer halb verfallenen Kirche am Rand seines Heimatdorfes Arpajon, das liegt bei Paris. Die Männer haben sich entschlossen, Einsiedler zu sein und die Tage nur mit Beten zu verbringen. 14 Jahre leben sie dort glücklich. Da beginnen mit einem Mal die eigenartigen Ereignisse rund um ihren Anführer Korbinian. Eines Nachts etwa, alle sind gerade ins Gebet vertieft, hören die Männer, wie im Keller aus einem Weinfass mit einem Knall der Pfropfen herausschießt. Korbinian will das Gebet nicht stören und erlaubt daher dem Diener nicht, hinunterzugehen und den Wein zu retten, der gerade aus dem Fass herausläuft. Als der Diener am nächsten Morgen in den Keller kommt, um nachzuschauen, ist das riesige Fass tatsächlich offen, aber kein einziger Tropfen Wein ist herausgeflossen.

Kurz darauf passiert wieder etwas Seltsames: Ein Dieb stiehlt Korbinians Maultier. Am nächsten Tag kommt der Halunke aber reumütig wieder zurückgeritten. Er sitzt wie festgenagelt auf dem Maulesel obendrauf und kann einfach nicht heruntersteigen. Korbinian spricht ein Gebet, und plötzlich kann der Dieb sich wieder bewegen und vom Maultier absteigen. Alle staunen mit offenem Mund.

Die Nachricht vom Wundertäter Korbinian verbreitet sich bald im ganzen Land, was zur Folge hat, dass immer mehr neugierige Menschen zu der Einsiedelei in Arpajon strömen. Korbinian wird das bald zu viel. Nein, so will er nicht leben. Er beschließt, nach Rom zu ziehen und sich dort, in der Stadt, wo der Papst lebt, in einem einsamen Haus wieder als Einsiedler niederzulassen.

Kaum hört Papst Gregor II., dass Korbinian in der Stadt ist, bittet er ihn zu sich in den Papstpalast. Auch er hat nämlich inzwischen über den frommen Mann aus Arpajon Kunde erhalten. Bevor Korbinian irgendetwas sagen kann, ernennt Gregor ihn zum Bischof und bittet ihn, wieder in seine Heimat zurückzukehren. Der verdutzte Korbinian gehorcht und geht nach Arpajon zurück. Doch nun wird alles nur noch schlimmer. Noch viel mehr Menschen strömen herbei, um Korbinian zu sehen. Der ist verzweifelt. Wo soll er noch in Ruhe beten? Er macht sich ein zweites Mal auf den weiten Weg nach Rom. Er will sich vom Papst vom Bischofsamt entbinden lassen.

Auch auf dieser Reise passieren wieder unglaubliche Dinge. Einmal hat der Koch der kleinen Reisegruppe vergessen, Essen einzukaufen, und so sitzen abends alle mit knurrendem Magen am Feuer und schimpfen vor sich hin. Da kommt plötzlich ein großer Adler angeflogen, legt zwei große Fische nieder und erhebt sich wieder in die Luft. Die Mahlzeit ist gerettet, es gibt gebratenen Fisch. Nur einen Tag später bricht während einer Mittagsrast in einem Wald plötzlich ein riesiger brauner Bär aus dem Dickicht. Vor Schreck wie gelähmt, sehen alle, wie sich das gewaltige Tier

Korbinian

Einsiedler, Mönch, erster Bischof von Freising

Geboren: um 680

Gestorben: um 729

Gedenktag: 20. November

Patron des Erzbistums München-Freising

Kennzeichen/Attribute: Bär, der ein Lastenbündel trägt, Kirchenmodell

auf den Maulesel stürzt, der Korbinians Gepäck transportiert, diesen zerreißt und dann fressen will. Da geht Korbinian mit erhobener Hand auf den Bären zu. Er befiehlt ihm, die zerstreuten Taschen und Koffer aufzusammeln und sie von nun an für ihn zu tragen. Und der Bär gehorcht aufs Wort. Als lammfrommer Lastenträger begleitet er die Reisegruppe nun bis nach Rom.

Der Papst aber lässt sich nicht umstimmen. Er verlangt von Korbinian, dass er wieder zurückgeht und als Bischof arbeitet. Er schickt ihn diesmal nach Bayern. Korbinian gehorcht und wirkt bis zu seinem friedlichen Tod viele Jahre als verehrter Bischof von Freising bei München. Dort im Dom, hoch über der Stadt Freising, kann man bis heute sein Grab besuchen.

Max Bolliger

Das neue Leben oder: Wie das Ei zum Osterei wurde

Katharina war eine Königstochter im Ägypterland. Sie lebte vor langer, langer Zeit in der Stadt Alexandria. Damals herrschte dort der Kaiser von Rom. Er hieß Maxentius und war der mächtigste Mensch auf der ganzen Erde.

Eines Tages besuchte er seine Stadt Alexandria. Er ließ Katharina zu sich kommen. Sie sollte von Jesus erzählen. Er hatte nämlich erfahren, dass sie eine Christin war.

Katharina kannte viele Jesusgeschichten. Der Kaiser hörte gespannt zu. Ihm gefiel das, was Jesus unter den Menschen getan hatte. Alle seine Ratgeber wunderten sich darüber. Der Kaiser hatte nämlich die Christen verfolgt. Viele waren auf seinen Befehl getötet worden. Katharina erzählte vom Leben Jesu, von seinem Sterben und schließlich auch, dass er von den Toten auferstanden ist. „Von den Toten auferstanden?", fragte der Kaiser verblüfft.

Katharina nickte. Da lachte der Kaiser laut auf und rief: „Das will ich dir nur glauben, wenn du aus einem Stein neues Leben erwecken kannst."

Katharina ging betrübt davon. Aber dann kam ihr ein Gedanke. Sie kaufte von einem Bauern ein beinahe ausgebrütetes Entenei. Damit ging sie am nächsten Tag zum Kaiser.

„Na, willst du es versuchen?", spottete der.

Sie hielt ihm das Ei entgegen. Die junge Ente riss einen Spalt in die Schale. Der Kaiser schaute geduldig zu, wie das kleine Tier sich aus dem Ei befreite. Der Spott wich aus seinem Gesicht. „Scheinbar tot", sagte Katharina. „Scheinbar tot und doch Leben."

Es heißt, dass der Kaiser sehr nachdenklich geworden ist.

So ist das Ei zum Osterei geworden, ein Zeichen für das, was kein Mensch begreifen kann: Christus ist auferstanden. Wahr und wahrhaftig, er ist auferstanden.

Willi Fährmann

Lieber Gott,
Heilige sind Helfer in der Not
und Vorbilder für unseren Lebensweg.
Sie vertrauten ganz fest
auf deine frohe Botschaft
und bezeugten sie mit ihrem Leben.
Sie kämpften gegen Unrecht und Tod
und schenkten den Hilflosen neuen Mut.
Mit ihrer Liebe zeigten sie,
dass du, Gott, für uns da bist.
Schenke mir Mut,
mich für das Gute einzusetzen,
und immer auf Jesus zu vertrauen.
Amen.

Heidi Rose

Katharina von Alexandrien

Märtyrin, Nothelferin

Geboren: unbekannt

Gestorben: um 307

Gedenktag: 25. November

Patronin der Ehefrauen, Hochschulen, Philosophen, Lehrer, Studenten, Schüler, Redner, Buchdrucker, Spinnerinnen, Tuchhändler, Gerber, Schuhmacher, Friseure, Schiffer

Kennzeichen/Attribute: Krone, Kreuz, Palme, Buch, Schwert, Rad

WISSENSWERT

KATHARINA VON ALEXANDRIEN soll zur Zeit des Kaisers Maxentius (305–312) in Alexandrien das Martyrium erlitten haben. Ihr Leben und Sterben ist geschichtlich nicht zu fassen. Die Legende berichtet, dass Katharina in einer Disputation fünfzig heidnische Gelehrte besiegt habe. Da das Rad zerbrach, auf dem sie gerädert werden sollte, wurde sie mit dem Schwert enthauptet. Ihr Leichnam wurde von Engeln auf den Berg Sinai getragen, wo Kaiser Justinian I. später (557?) das berühmte Katharinenkloster erbaute. Seit dem 8. Jahrhundert ist die Verehrung Katharinas auch im Westen nachweisbar. Katharina soll vor ihrem Tod bei Gott Fürbitte eingelegt haben für alle, die ihren Namen anrufen würden. Da Gott dieses Gebet erhörte, liegt hierin wohl ein Grund für die schnelle Ausbreitung des Kultes in Europa und ihre Aufnahme in den Kreis der Vierzehn Nothelfer.

Die Legende der heiligen Barbara

Einst lebte ein reicher Mann namens Dioskuros von Nikomedia. Er war, wie die meisten Menschen dort, Heide. Barbara, seine junge Tochter, war so schön und verführerisch, dass er sich selbst in sie verliebte und eifersüchtig über sie wachte, wenn sich ihr ein junger Mann näherte. Er gab so auf sie Acht wie auf einen seltenen Edelstein und hätte nur dann vielleicht einer Heirat zugestimmt, wenn es sich bei dem Freier um einen besonders vornehmen, besonders gebildeten und reichen Jüngling aus allerbestem Hause gehandelt hätte.

Verreiste ihr Vater einmal, dann führte er Barbara zu einem Turm, der nur zwei Fenster hatte, und schloss sie dort ein. So, meinte er, habe er alles für die Sicherung seiner jungen Tochter getan, was ihm möglich war. Für die benötigten Lebensmittel und für alles, was sie sich sonst noch wünschte, standen Dienerinnen und Diener bereit, die auch über die Schlüssel verfügten. Wenn ihr Vater nicht daheim war, hatte sie zwar alles, was sie brauchte. Doch musste sie letztlich in einem schön ausgestatteten Gefängnis leben, ausgesondert aus ihrer vertrauten Umgebung und abgeschnitten von ihren Freundinnen, Freunden und Bekannten. In dieser Zeit wandte sich Barbara dem Christentum zu und ließ sich in dem Turm taufen.

Als ihr Vater wieder einmal von einer Reise zurückkam, sah er sogleich, dass in die Wand des Turmzimmers ein drittes Fenster gebrochen war. Er schrie vor Zorn laut auf, als er auf der Schwelle das Kreuzzeichen erblicken musste, das ihm bereits seit Jahren verhasst war. Da gestand Barbara ihm mutig, ihr sei Johannes der Täufer erschienen und habe sie, vom Heiligen Geist erleuchtet, in einem heidnischen Opferbecken getauft. Das Kreuz und das dritte Fenster habe sie

Barbara von Nikomedien

Jungfrau, Märtyrin

Geboren: unbekannt

Gestorben: 306

Gedenktag: 4. Dezember

Patronin der Büchsenmacher, der Bergleute, Buchhändler und der Artillerie

Kennzeichen/Attribute: Kelch, Mädchen, Nothelfer, Schwert, Turm

selbst anbringen lassen. Das Kreuz galt ihr als Zeichen der Erlösung durch Jesus Christus. Das dritte Fenster sollte sie stets an die Dreieinigkeit, an das Geheimnis von Gott, dem Vater, Jesus, seinem Sohn, und dem Heiligen Geist erinnern.

Ihr Vater lief voller Wut auf sie zu, um sie auf der Stelle zu packen und erschlagen zu lassen. Doch es gelang Barbara, durch die noch offenstehende Tür zu flüchten. Dioskorus rannte mit seinen Leuten hinter ihr her und konnte sie doch nicht einholen.

Barbara lief und lief, bis sie einen Hirten traf, der ihr eine Höhle zeigte, in der sie sich verstecken konnte. Doch als die Männer ihres Vaters ihn entdeckten, verriet er ihnen, wo sie Barbara finden konnten. Da ließ ihn Gott zur Strafe zu Stein werden und seine Schafe zu Heuschrecken.

Barbara wurde gefangen genommen und vor einen Richter geführt, der bereit war, sie anzuhören. Da sie sich aber selbst so gut verteidigte, konnte der Richter nichts gegen sie vorbringen. Also ließ er sie – wie das damals oft üblich war – foltern und dann davongehen.

Am Tage von Sankt Barbara

Am Tage von Sankt Barbara,
da geht das Jahr zur Neige.
Dann trag ins Haus von fern und nah,
die kahlen Kirschbaumzweige.
Am Tage von Sankt Barbara
stell Zweige in die Zimmer.
Dann lacht zur Weihnacht, hier und da,
ein weißer Blütenschimmer.

James Krüss

Gott heilte ihre Wunden, und so stand sie einige Zeit später, gestärkt und mit neuem Mut, zum zweiten Mal vor Gericht, um Recht zu erhalten. Diesmal war ihr Vater bereits da. Das Urteil des Richters war bitter: Barbara wurde dazu verurteilt, sich nackt auf dem Markt vor die Leute zu stellen und sich von ihnen angaffen zu lassen. Danach sollte sie enthauptet werden. Barbara faltete ihre Hände und betete zu Gott. Da entstand plötzlich um sie herum ein dichter Nebel, und die Nebelwolke hüllte sie ein, sodass keiner sie mehr sehen konnte.

Als sich der Nebel verflüchtigte, erwartete sie bereits ihr rachsüchtiger Vater und vollstreckte das Urteil mit eigener Hand. Gleich darauf soll ihn ein Blitzschlag getroffen und verbrannt haben.

Georg Schwikart

MACH MIT!

BARBARAZWEIG

Einer Legende nach hat Barbara kurz vor ihrem Tod einen Zweig in eine Vase gestellt, der genau an dem Tag aufblühte, an dem sie hingerichtet wurde. Für Barbara war dies ein Zeichen: Der Zweig, der wie tot erschien, ist zu neuem Leben aufgeblüht. Dies gab ihr die Hoffnung, dass auch sie nach ihrem Tod ein neues, ewiges Leben haben würde. Wenn du am 4. Dezember den Zweig eines Obstbaums abschneidest und ihn im Haus in eine Vase mit Wasser stellst, wird er um Weihnachten herum aufblühen. Das zeigt uns: Nach dem Tod schenkt Gott neues Leben.

Am vierten Dezember

Geh in den Garten
am Barbaratag.
Gehe zum kahlen Kirschbaum und sag:

Kurz ist der Tag,
grau ist die Zeit.
Der Winter beginnt,
der Frühling ist weit.

Doch in drei Wochen,
da wird es geschehn:
Wir feiern ein Fest,
wie der Frühling so schön.

Baum,
einen Zweig
gib du von dir.
Ist er auch kahl,
ich nehm ihn mit mir.

Und er wird blühen
in seliger Pracht
mitten im Winter
in der Heiligen Nacht.

Josef Guggenmos

DER GEDENKTAG DER HEILIGEN BARBARA wird am 4. Dezember begangen. Die Legende nennt als Zeitpunkt ihres Martyriums und Todes die Regierungszeit des Kaisers Maximinus Daia (305/310–313) und Nikomedien als Lebensraum, das östlich vom heutigen Konstantinopel gelegene Gebiet. Die Entstehung der Legende scheint vor dem 7. Jahrhundert im byzantinischen Raum zu liegen. Über Byzanz gelangt die Legende um 700 nach Italien, von wo aus um 1000, als die Türken Kleinasien überrennen, die Reliquien „in Sicherheit" gebracht werden. Die Reliquien gelangen in das Kloster S. Giovanni Evangelista in Torcello. Die Goldene Legende, die „Legenda aurea", erwähnt im 13. und 14. Jahrhundert die heilige Barbara noch nicht. In liturgischen Heiligenkalendern ist sie aber schon nachweisbar. Wohl erst im 15. oder 16. Jahrhundert wurde die „Legenda aurea" um die heilige Barbara ergänzt. Das ist auch der Zeitpunkt, wo sie in der Volksfrömmigkeit den „heiligen" Daniel, den Propheten Daniel, ablöst, der bis dahin Patron der Bergleute war, weil er nach der Heiligen Schrift in der „Löwengrube" gesessen hatte (Dan 6,2–29). Seit dem 14. Jahrhundert wurden die Bergbaugebiete in Sachsen, Schlesien und Böhmen besondere Kultlandschaften der heiligen Barbara; die Verehrung in den Alpen, mit Ausnahme in Tirol, stammt überwiegend aus der Gegenreformation des 17. und 18. Jahrhunderts. Im Ruhrgebiet fand die Barbaraverehrung Einzug mit den Bergarbeitern im neu eröffneten Bergbau.

Die Legende erzählt von einer schönen Tochter namens Barbara, der ihr Vater Dioskuros alles angedeihen ließ, was ein wohlhabender Kaufmann seinem Kind bieten konnte: ein schönes Zuhause, eine gute Ausbildung und die Erfüllung vieler Wünsche. Dies alles unternahm der heidnische Vater, damit seine Tochter nicht Christin wurde oder sich zu einer Heirat verleiten ließ, die gegen seine Absicht war. So durfte das Mädchen in einem Turm ihre Wohnung einrichten. Sie wurde von guten Lehrern unterrichtet. Von einem Lehrer, einem Freund des bekannten Schriftstellers Origines, erfuhr sie vom Christentum und ließ sich taufen. Um einen eigenen Betraum zu haben, der auch Treffpunkt für andere Christen sein sollte, erbat Barbara von ihrem Vater die Einrichtung eines Badezimmers. Auch diesen Wunsch erfüllte der Vater. Barbara ließ zu den beiden Badezimmerfenstern ein drittes fügen – als Lob des dreifaltigen Gottes.

Als ein junger Mann die Hand seiner Tochter begehrte, war Dioskuros nicht abgeneigt, weil derjenige von gleichem Stand und Vermögen war. Barbara aber war wenig entzückt und der Vater bedrängte sie nicht, weil er eine weite Reise unternehmen musste und auf Zeit setzte. Aber als er, wieder zurückgekehrt, seinen alten Plan verfolgte, eröffnete ihm Barbara, dass sie nicht daran denke, einen Heiden zu ehelichen, weil sie Christin sei. Ihr Vater reagierte jähzornig und unerbittlich: Vor die Wahl gestellt, den heidnischen Kandidaten zu heiraten oder

grausam bestraft zu werden, floh sie vor dem Vater, der sie mit gezücktem Schwert verfolgte.

Auf der Flucht öffneten sich Barbara die Felsen und bargen sie. Ein Hirt hatte dies beobachtet und verriet sie an ihren Vater, der sie nach Hause schleppte und schwer misshandelte. Als alle seine Torturen nichts halfen, brachte er Barbara vor den Landpfleger Martian, der sie nach Reichsrecht aburteilen – also wegen Hochverrats zum Tode bestimmen sollte. Als alle Schmeicheleien Martians nicht halfen, ließ er sie derart durchprügeln, dass Barbaras Haut nur noch aus rohem Fleisch bestand und niemand mehr glaubte, sie werde die Nacht im Verließ überstehen. Aber, so erzählt die Legende, ein Engel des Herrn heilte in der Nacht alle ihre Wunden und versprach ihr Beistand bei allen noch zu erwartenden Qualen. Gott wollte Martian und Dioskuros durch sein Wunder bekehren. Martian aber schrieb die unerklärliche Heilung den Göttern zu. Barbara hielt ihm entgegen: „Nein, nein! Holz und Steine, aus dem deine Götter gefertigt sind, können das nicht. Dies ist ein Werk des Herrn des Himmels und der Erde, den ich als den einzigen wahren Gott anerkenne, für dessen Ehre ich zu sterben bereit bin." Erneut wurde Barbara schwer misshandelt. Barbara blieb standhaft und betete: „Deine Hand, o Herr, verlasse mich nicht. In dir kann ich alles, ohne dich vermag ich nichts." Martian verurteilte Barbara zum Tode durch Enthauptung.

Dioskuros, der alle Qualen seiner Tochter mit angesehen hatte, erbat vom Landpfleger die zwei-

felhafte Gnade, die Rolle des Scharfrichters übernehmen zu dürfen. Unter ständiger Geißelung trieb man die nackte Barbara auf einen Hügel, wo sie hingerichtet werden sollte. Ehe Barbara ihren Kopf ihrem Henker und Vater neigte, dankte sie öffentlich für die ihr verliehene Gnade und aus den Wolken lud sie eine Stimme zur ewigen Belohnung ein. In späteren Zeiten fügen die Legenden ein, der Heiligen sei in diesem Moment versprochen worden, dass kein Mensch, der sie anrufe, ohne Sterbesakramente sterben werde. Ihr Vater schlug ihr den Kopf ab. Auf dem Nachhauseweg wurde der grausame Vater vom Blitz erschlagen. Dies alles soll an einem 4. Dezember geschehen sein.

Barbara gilt besonders als Patronin der Sterbenden, zugleich aber auch der Bergleute – laut Legende öffnete sich während ihrer Flucht vor dem Vater ein Felsen und verbarg sie –, Artilleristen, Baumeister, Turmwächter, Feuerwehrleute, Glockengießer und Glöckner. In Basel und St. Gallen feuern die Artilleristen am 4. Dezember beim Barbaraschießen 22 Kanonenschüsse zu Ehren der Heiligen ab. In Niederösterreich finden in Artilleriekasernen die oft ungezügelten Barbarataufen für junge Offiziere statt. Barbaraessen veranstalten die ehemaligen Artilleristen. Die Bergleute begingen früher den 4. Dezember als Feiertag mit Hochamt und festlichem Mahl: Bergmannskapellen in Knappenuniformen begleiteten den Tag. In Niederösterreich tragen die Frauen beim Kirchgang Barbarazweige, die während der Messfeier geweiht werden.

Barbara bildet mit Katharina und Margareta die Gruppe der „drei heiligen Madeln" (Bauernpatroninnen) unter den 14 Nothelfern. Ergänzt um die heilige Dorothea, bilden die vier Frauenheiligen die „quattuor virgines capitales", also die vier besonders heiligen Jungfrauen. Die mittelalterliche Verehrung belegen Barbaraspiele ebenso wie weit verbreitete künstlerische Darstellungen meist mit Turm und Kelch, aber auch mit Hammer, Fackel, Schwert als Marterinstrumente, später auch mit Bergmannswerkzeugen und sogar mit Kanonenkugeln. Im Burgenland ist die Tellersaat des Barbaraweizens als „winterliches Grün" bekannt, andernorts heißt man es Adonisgärtlein. Man streut Weizen- oder Gerstenkörner auf einen flachen Teller, begießt sie mit Wasser und stellt das Ganze an einem geschützten Ort warm. Zu Weihnachten ist die Saat aufgegangen und bildet einen dichten grünen Busch, in den man als Hinweis auf das „Licht der Welt", eben Christus, eine Kerze stellt. Bis heute werden am Barbaratag von Obstbäumen Zweige geschnitten und ins Wasser gestellt. Sie sollen zu Weihnachten blühen und den Glanz verdeutlichen, den die Geburt des Erlösers in die Nacht der Sünde gebracht hat.

Von der Rettung aus Seenot Oder: Wie der heilige Nikolaus zum Schutzpatron aller Seeleute und Schiffer wurde

Lang, lang ist's her. Es gab noch keine Autos, keine Eisenbahnen und auch noch keine Flugzeuge. Die Seeleute, die damals mit ihren Schiffen über das Meer fuhren, spannten große Segel auf. Die Kraft des Windes trieb ihr Schiff von Hafen zu Hafen. Aus dieser Zeit erzählt man sich die Geschichte, wie der heilige Nikolaus, der Bischof von Myra, zum Schutzpatron der Schiffer geworden ist.

Eines Tages segelte ein stolzes Schiff durch das Mittelmeer. Es wollte nach Konstantinopel. An Bord trug es reiche Schätze Arabiens. Es war wohlausgerüstet und hatte eine tüchtige Mannschaft. Der Kapitän war ein alter, erfahrener Seemann. Schon war der ersehnte Hafen nicht mehr weit, da verdüsterte sich der Himmel, Wind sprang auf, und die Kämme der Wellen wurden schaumig und weiß.

Doch der Kapitän hatte mit seinem Schiff schon so manches böse Wetter durchgestanden. Er wusste, was zu tun war. Er ließ die Segel reffen. Das Ruder nahm er selber in die Hand. Genau dem Wind entgegen, drehte er den Bug seines Schiffes. Die Seeleute gehorchten seinen Befehlen aufs Wort. Doch der Wind wurde immer wütender, wuchs zum Sturm, heulte in den Tauen und Masten und riss den Leuten die Worte vom Mund.

Noch kämpfte das Schiff unverdrossen gegen die Wellen an. Aber schon türmte der Sturm das Wasser zu Bergen, schon warfen sich die Wellen über die Bordwand und überspülten das Deck. Breitbeinig stand der Kapitän und hielt das Ruder fest. Sein Steuermann half ihm dabei. Jetzt prasselten Regenschauer hernieder. Es wurde finster wie in der Nacht; eine Nacht ohne Stern, ohne Mond. Wieder schäumte ein Wellengebirge hoch auf, zerbrach und stürzte auf das Schiff. Das Holz ächzte. Ein Zittern durchlief den Schiffsrumpf und alle, die er trug. Pfeifen und Knirschen fuhr durch den Mast, ein Splittern, ein Krachen! In halber Höhe zerbarst ein Mast. Wie wild hieben die Männer mit Beilen und Äxten die Taue durch, damit das Wasser das gebrochene Holz wegschwemmen konnte. Doch eine Woge riss den mächtigen Mast hoch auf, schlug ihn gegen das Schiff und stieß ein Loch in die Bordwand. Immer noch hielten die Taue den Rammbock. Da liefen die Seeleute fort, um dem wildgewordenen Mastholz zu entgehen. Schon sah der Kapitän sein Schiff verloren, da fiel ihm in der höchsten

Nikolaus

Bischof von Myra

Geboren: unbekannt

Gestorben: um 350

Gedenktag: 6. Dezember

Patron von Russland, Patron der Kinder, Reisenden, Gefangenen, Seeleute

Kennzeichen/Attribute: Anker, Brote, Nothelfer, Schiff, Goldkugeln

Not ein, was er einst vom Bischof Nikolaus von Myra gehört hatte.

„Sankt Nikolaus, Sankt Nikolaus! Bitte für uns!", schrie er dem Sturm entgegen. Die Seeleute, die ihm am nächsten standen, hörten seinen Schrei. Sie nahmen den Ruf auf. So drang er bis in das Vorschiff.

„Sankt Nikolaus! Bitte für uns!", schrien die Matrosen. Mit einem Male wurde es ein wenig heller. Plötzlich stand mitten auf dem Schiff ein Mann, den sie nie zuvor gesehen hatten. Er

WUSSTEST DU …

BISCHOF NIKOLAUS wird auf vielen Bildern mit der typischen Bekleidung dargestellt. Ein Bischof trägt damals wie heute eine spitze Bischofsmütze, Mitra genannt, ein Brustkreuz, einen Bischofsring und einen Krummstab. Dieser Stab erinnert an einen Hirtenstab, denn der Bischof kümmert sich um die Gläubigen wie ein Hirte um seine Schafe.

Weitere Informationen zur Aktion unter: **www.weihnachtsmannfreie-zone.de**. Mehr Hintergrundwissen, Legenden und Lieder zum heiligen Nikolaus unter: **www.nikolaus-von-myra.de**

schwang seine Axt und hieb auf die Haltetaue ein. Die Matrosen fassten durch sein Beispiel wieder Mut und kappten die letzten Taue, die den gefährlichen Mastbaum noch hielten. Die nächste Woge trug ihn weit vom Schiffsrumpf fort.

Stunden noch wütete das Wasser, doch nach und nach wurden die Wellen zahmer, und allmählich flaute der Wind ab. Als schließlich die Sonne zwischen jagenden Wolken hin und wieder hervorschaute, da war die ärgste Gefahr vorbei.

Aber wie sah das stolze Schiff aus! Wie ein zerzauster Vogel trieb es auf dem Meer. Zerrissen die

Lieber heiliger Nikolaus,

am Nikolaustag feiern wir
deinen Namenstag.
Wir erinnern uns daran,
dass du vielen Menschen
in Not geholfen hast.
Auch wir wollen versuchen,
hilfsbereit zu sein.
Mache uns aufmerksam dafür,
wenn jemand in unserer Nähe
Hilfe braucht.
Amen.

 HIMMELSWEGE ZEIGT MIR ...

Den Namen Nikolaus trägt auch ein weiterer Heiliger: Nikolaus von der Flüe.

Ein ganz besonderer Heiliger ...

... ist für mich der heilige Nikolaus von der Flüe, geboren 1417, gestorben 1487. Er war ein Landwirt, Staatsmann und Offizier. Er ist kurz nach der Geburt seines zehnten Kindes dem Ruf Gottes gefolgt und hat 20 Jahre ohne Nahrung als Eremit gelebt. Er war der große Friedensstifter in der entstehenden Schweiz. Seine Forderung an den Staat war: „Die Bürger sollen einig, unabhängig, frei, wehrhaft und christlich sein." Heute genau wie damals gelten diese Grundsätze. Ihn verehre ich nicht nur als meinen Namenspatron, sondern als Heiligen, der es verstand, mit wenigen, einfachen Worten die Wahrheit zu verkünden.

Prof. Dr. Claus Hipp, Gesellschafter des Familienunternehmens HiPP

(Der Gedenktag des heiligen Nikolaus von der Flüe ist der 25. September.)

WISSENSWERT

1500 JAHRE TRADITION, LEGENDÄRE Überhöhung, frömmste Inbrunst, kitschigste Verniedlichung und gnadenlose Vermarktung, pädagogische Instrumentalisierung, folkloristische Einvernahme und werbemäßige Trivialisierung hat der große alte Mann erstaunlich gut überstanden: Trotz allem gibt es ihn noch. Und wer Augen hat zu sehen, entdeckt hinter den Weihnachtsmännern den wahren Nikolaus.

Heilig ist Nikolaus nur noch wenigen, auch im kirchlichen Raum. Der Heilige hat schlechte Karten, denn sein Fest – und damit auch seine Popularität – ist der Reform des römischen Kalenders zum Opfer gefallen. 1969 strich Papst Paul VI. den Gedenktag des heiligen Nikolaus am 6. Dezember als allgemein gebotenen Feiertag aus dem römischen Generalkalender. Was nicht mehr geboten ist, ist aber deshalb noch lange nicht verboten. Nikolaus wird – trotz seiner Kommerzialisierung und Folklorisierung – noch als Heiliger verehrt.

Wir wissen heute, dass es mit großer Wahrscheinlichkeit einen Nikolaus als Bischof von Myra in Kleinasien gegeben hat. Wann genau er gelebt hat, kann niemand mehr belegen. Sicher ist nur, dass in der Ostkirche seit dem 4./5. Jahrhundert und in der Westkirche seit dem 7./8. Jahrhundert Legenden über diesen Heiligen kursieren. Bei diesen Legenden lässt sich nachweisen, dass sie eine Kompilation von zwei Personen mit Namen Nikolaus darstellen: einmal jenes Nikolaus von Myra und zum anderen von einem gleichnamigen Abt von Sion, Bischof von Pinora, gestorben am 10. Dezember 564 in Lykien. Seine Lebensgeschichte wurde mit der des Nikolaus von Myra unentwirrbar verwoben.

Die älteste Legende des Nikolaus ist die so genannte Stratelatenlegende, die Erzählung von der Rettung von drei Feldherren (griech. stratelatoi: Feldherren). Diese Legende lässt sich auf das Ende des 5. bzw. den Verlauf des 6. Jahrhunderts datieren. Das Außerordentliche dieses Wunders sah die Antike darin, dass Nikolaus dieses Wunder zu Lebzeiten wirkte und dabei, in Myra anwesend, dem Kaiser in Konstantinopel im Traum erschien.

Der nach legendarischer Auffassung schon zu Lebzeiten unter die Engel versetzte Nikolaus starb einen normalen Tod, also nicht den gewaltsamen Tod eines Blutzeugen oder Märtyrers. So wie Martin von Tours in der Westkirche, wurde Nikolaus in der Ostkirche der erste „confessor", ein Bekenner, der durch sein lebenslanges Bekenntnis Zeugnis für Gott abgelegt hatte.

Die Verehrung des Nikolaus lässt sich bereits im 7./8. Jahrhundert in der Westkirche nachweisen, sicherlich entstanden durch die griechischen Kolonien in Italien. Für den Raum nördlich der Alpen nimmt man meist an, dass die Nikolausverehrung hier schon im 9. Jahrhundert belegbar ist, ein „Nikolausboom" aber erst durch die byzantinische Prinzessin Theophanu (959/960–991) initiiert wurde.

Der Heilige drohte nach 1000 der westlichen Christenheit „verloren zu gehen". Als die muslimischen Eroberer ihren Siegeszug durch Kleinasien erfolgreich fortsetzten, reifte in Süditalien die Idee, die Gebeine des übermächtigen Schutzheiligen vor den „Ungläubigen" zu „retten". 1071 hatten die Muslime den Byzantinern eine schwere Niederlage zugefügt, waren in Kleinasien eingedrungen und zogen plündernd durch Lykien. Die Bevölkerung von Myra war in das Gebirge geflüchtet. Kaufleuten von Bari gelang es in dieser Situation, sich in Myra in den Besitz der Reliquien des heiligen Nikolaus zu bringen und diese am 8. Mai 1087 nach Hause zu bringen. Am 9. Mai 1087 verehrten die Bareser zum ersten Mal die heiligen Gebeine. Bis auf den heutigen Tag wird deshalb in Bari der Translation der Reliquien des heiligen Nikolaus am 9. Mai gedacht; bis 1969 hatte dieses Fest in der gesamten Weltkirche Geltung.

Die wichtigste Innovation des lateinischen Abendlandes hinsichtlich der Weiterentwicklung der Grundlegenden des heiligen Nikolaus ist die Wundererzählung von der Auferweckung der getöteten Schüler. Die älteste Fassung liegt im 12. Jahrhundert in dramatisierter Form in der Hildesheimer Handschrift „Liber sancti Godehardi" vor. Die Schülerlegende prägt den Typ von Nikolaus, der als himmlischer Kinderfreund in zahlreichen zeitabhängigen Metamorphosen bis in die Gegenwart fortlebt.

Dieser heilige Nikolaus wird zum Heiligen der Kinder, zu einem Geschenkebringer gemäß seinen Legenden: Nikolaus schenkt unerkannt und heimlich, so wie er in einer seiner Legenden drei Mädchen durch das „Einwerfen" von ererbtem Gold vor

Schande bewahrte. Er legt seine Geschenke in ein „Nikolausschiff", einen von Kindern gebastelten Gabenteller, der erst später durch Stiefel, Schuh und Strumpf ersetzt wurde. Entstanden ist das „Schiffchensetzen", ein seit dem 15. Jahrhundert bekannter Brauch, durch das Schifferpatronat des Heiligen. In einer seiner Legenden rettet er Bootsfahrer. Nikolaus wurde so zum Patron der Schiffer.

Der Gedenktag von Nikolaus, der 6. Dezember, wurde zum Kinderfest, an dem Kinder beschenkt wurden. Dieses Brauchtum, das im Hause Martin Luthers auch gepflegt wurde, war reformationstheologisch aber obsolet: Weil die Heiligenverehrung abgeschafft wurde, durfte natürlich die Kinderbeschenkung damit nicht mehr gekoppelt sein. Martin Luther erfand deshalb das „Christkind", das nun zu Weihnachten die Kinder bescherte. Die reformierten Niederländer widersetzten sich. Sie feiern bis heute Nikolaus und beschenken immer noch an diesem Tag. Gleiches taten die Katholiken, bis im ausgehenden 18. und beginnenden 19. Jahrhundert eine Brauchangleichung stattfand: Das „Christkind" wurde „katholisch", der Weihnachtsbaum zog in die katholischen Häuser ein, dafür fand die Weihnachtskrippe Zugang in evangelische Häuser.

Das 19. Jahrhundert brachte eine „Persönlichkeitsspaltung" des Nikolaus. Im kirchlich-katholischen Bereich blieb der Heilige erhalten; von ihm spaltete sich der „böse Nikolaus" ab, der in einer Person Nikolaus und Knecht Ruprecht darstellt. Für seine eigenen Kinder zeichnete der Frankfurter Arzt Heinrich Hoffmann den 1845 erstmals im Druck erschienenen „Struwwelpeter". Diese von zeitgemäß bürgerlicher Anpassungs- und Drohpädagogik gespeiste Bildgeschichte greift die Figur des Nikolaus auf, füllt sie inhaltlich aber völlig anders: „Niklaus", „bös und wild", steckt Kinder in ein Fass mit schwarzer Tinte, statt ihnen, wie der hl. Nikolaus, zu helfen.

Die Niederländer importierten ihren Nikolaus in die von ihnen besiedelte „neue Welt". Aus Sinte Klaas wurde Saint Claus und schließlich Father Christmas, ein gemütlicher alter Dicker, den die Coca-Cola-Werbung in ihrer Hausfarbe Rot-Weiß nach dem Ersten Weltkrieg durch Werbung nach Europa reimportierte. Aus dem hl. Nikolaus war der weltliche Weihnachtsmann geworden.

Unsere Zeit kann auf dieser Hintergrundfolie den hl. Nikolaus wieder sichtbar machen. Nikolaus, das ist einer, der anderen vorgemacht hat, wie man vor Gott gerecht oder heilig wird. Besitz dient ihm nicht zur Repräsentation oder als Macht, sondern ist ein geliehenes Geschenk Gottes, das dann Früchte bringt, wenn man es weitergibt.

HIMMELSWEGE ZEIGT MIR …

Ein ganz besonderer Heiliger …

… ist für mich Sankt Nikolaus. Uneigennützigkeit, Nächstenliebe, Solidarität, Schenken und Teilen – das sind Werte, die ich mit ihm verbinde. Nikolaus räumt den Weg zu Gott frei. Auch heute noch kann er uns lehren: Schenken macht nicht ärmer, sondern reicher! Und: Eine gute Tat bewegt auch andere zu guten Taten.

Peter Hahne,
ZDF-Moderator

Der Wohltäter Nikolaus

Bald nun ist Weihnachtszeit,
fröhliche Zeit,
nun ist der Nikolaus
gar nicht mehr weit.

Dort in dem Häuschen,
da gab es kein Brot,
Nikolaus kannte die furchtbare Not.

Und in der eiskalten Winternacht
hat er den Menschen
die Rettung gebracht.

Warf goldne Kugeln
durchs Fenster herein,
Nikolaus, wir wollen dankbar sein.

Bald nun ist Weihnachtszeit,
fröhliche Zeit,
nun ist der Nikolaus
gar nicht mehr weit.

Barbara Cratzius

Planken, zersplittert die Bordwand, verwüstet das Deck, weggeschwemmt die Ladung. Endlich übergab der Kapitän dem Steuermann wieder das Ruder.

„Bringt mir den Mann her, der uns gerettet hat!", befahl der Kapitän. Doch so sehr die Seeleute auch suchten, sie fanden ihn nicht. Am nächsten Tag tauchte die Küste von Kleinasien in der Ferne auf. Ein Notsegel, am Maststumpf mühsam aufgeknüpft, trieb sie langsam in den Hafen von Myra.

Die Matrosen vertäuten das verwundete Schiff. Sie warfen sich in ihre Kojen und wollten nichts als schlafen, schlafen, schlafen. Der Kapitän aber ging mit seinem Steuermann zur Kirche von Myra hinauf. Er wollte dem Herrn für die Rettung aus Seenot danken. In der Kirche wurde gerade ein Gottesdienst gefeiert. Vorn am Altar stand der Bischof. Als die Seeleute näherkamen, erkannten sie ihn. Sie sahen, dass er der Mann war, der ihnen auf dem Meer so wunderbar geholfen hatte. Da priesen sie Gottes wunderbare Güte.

Überall verbreitete sich unter den Seeleuten diese Geschichte. So wurde der heilige Nikolaus der Patron aller Seeleute und Schiffer.

Willi Fährmann

Lucia, das Lichtmädchen

Vor langer, langer Zeit, ungefähr vor 1700 Jahren, lebte in der Stadt Syrakus ein reiches Ehepaar. Sie hatten eine Tochter mit Namen Lucia. Und Lucia war ein hübsches, freundliches und lustiges Mädchen. Alle Leute mochten sie gern. Eines Tages bekam Lucia ein großes Problem.

Die Eltern suchten einen Mann für sie aus. Lucia fragten sie erst gar nicht, ob es ihr auch recht wäre. Denn damals war das gar nicht üblich. Aber Lucia hatte ganz andere Pläne. Sie wollte überhaupt nicht heiraten. Sie hatte von Jesus Christus gehört. Sie war so begeistert davon, wie er den Menschen die Liebe Gottes gezeigt hatte, dass sie nun selber Christin werden wollte. Aber das war eben auch ihr großes Problem. Lucia lebte nämlich in einem Land, das vom römischen Kaiser beherrscht wurde. Und der ließ die Christen durch seine Soldaten grausam verfolgen und töten.

Doch Lucia war hartnäckig. „Ich will wie Jesus leben", sagte sie. „Da, wo ich lebe, da soll es hell werden in der Welt. Es gibt so viele Einsame, Kranke und Obdachlose in unserer Stadt. Die müssen doch denken, Gott hätte sie im Stich gelassen. Ich will ihnen zumindest ein ganz kleines Licht in der Dunkelheit sein, damit sie nicht verzweifeln."

Aber ihre Eltern wollten nichts davon wissen. Da wurde Lucia traurig. Sie saß oft da und lauschte nach innen. Sie liebte es immer mehr, einfach so still dazusitzen. Sie wartete auf die Gottesstimme in ihrem Herzen.

Lucia (Luzia)
Märtyrin
Geboren: um 286
Gestorben: um 303
Gedenktag: 13. Dezember
Patronin der Armen, Blinden, kranken Kinder, Bauern, Elektriker
Kennzeichen/Attribute: Auge, Dolch, Lampe, Schwert, Wunde

Eines Tages wurde Lucias Mutter schwer krank. Voller Zärtlichkeit und in großer Sorge betete Lucia für sie. Da war es ihr, als hörte sie eine Stimme, die sagte: „Dein Vertrauen zu mir ist so stark, dass die Dinge sich bald ändern und deine Mutter gesund wird."

Als die Mutter tatsächlich gesund geworden war, bat Lucia erneut: „Mutter, lass mich gehen. So wie ich dir geholfen habe, muss ich auch anderen Menschen helfen. Ich weiß es, das ist meine

Aufgabe. Viele Menschen brauchen mich. Es leben mehr arme als reiche Menschen in unserer Stadt. Ich bitte dich, mir all die schönen und wertvollen Sachen zu geben, die ihr mir für meine Hochzeit ausgesucht habt. Ich will sie verkaufen. Dann kann ich einiges bei den Armen ändern." Endlich bekam Lucia ihren Willen. Alles wäre nun gut gewesen, wenn nicht ihr Bräutigam erfahren hätte, dass sie Christin geworden war und ihn nicht heiraten wollte. Voller Wut und Hass ließ er Lucia zum Richter des Kaisers bringen. Der fragte sie: „Bist du eine Christin?" Lucia antwortete: „Ja, ich bin eine Christin. Ich will die Liebe Gottes zu den Menschen dieser Stadt bringen."

Der Richter verurteilte sie zum Tode und ließ ein Feuer um sie herum anzünden. Aber es war wie ein Wunder: Die Flammen kamen nicht an sie heran. Da wurde sie mit dem Schwert umge-

bracht. So starb Lucia im Schein des Feuers. Die Menschen in der Stadt Syrakus konnten sie nicht vergessen, besonders nicht die Obdachlosen, Hungernden und Kranken. Manche Bewohner von Syrakus waren auch sehr nachdenklich geworden und sagten: „Lucia war ein leuchtendes Vorbild für uns. Wir müssen ihre Arbeit fortsetzen."

Jedes Jahr im Advent feiern nun Menschen auf der ganzen Welt Lucia als ein Lichtmädchen, das uns auf das helle, strahlende Weihnachtslicht vorbereiten will.

Lucias Licht ist nie erloschen. Ihre Geschichte wurde immer neu erzählt, bis auf den heutigen Tag. An manchen Orten zünden die Leute Kerzen an. Sie denken an das junge Mädchen, das da sein wollte für alle, die Hilfe brauchten.

Georg Schwikart

WUSSTEST DU …

GOTT SCHICKT MENSCHEN, die für andere ein Licht sind. Das Mädchen Lucia, das vor vielen hundert Jahren in Sizilien lebte, war so jemand. In jener Zeit war es gefährlich, Christ zu sein. Viele Menschen versteckten sich deshalb, um nicht verhaftet zu werden. Eine Legende erzählt, dass Lucia ihnen Essen und Trinken in ihre Verstecke brachte. Damit sie die Hän-

de für die Lebensmittel frei hatte, trug sie eine Lichterkrone auf dem Kopf. Lucia hat viele Menschen vor dem Verhungern bewahrt. Sie hat Licht und Hoffnung in ihre dunklen Verstecke gebracht.

Am 13. Dezember denken viele Menschen in der Welt an die heilige Lucia. In Schweden zum Beispiel ziehen Mädchen morgens ein weißes Kleid an, setzen eine Lichterkrone auf und bringen ihrer Familie das Frühstück mit selbst gemachtem Gebäck ans Bett.

Lieber Gott,

Lucia war für die
Menschen damals
wie ein Licht
in der Dunkelheit.
Auch ich will ein Licht
für andere sein:
indem ich ihnen zuhöre
und ihr Freund bin.
Hilf mir dabei, dass
ich aufmerksam werde
für die Bedürfnisse
der anderen.
Amen.

LUCIA VON SYRAKUS soll um 283 in Syrakus geboren und um 303 ebendort ihres Glaubens wegen getötet worden sein. Auch wenn die Legende der heiligen Lucia erst aus dem 5./6. Jahrhundert stammt, scheint ihre Existenz historisch gesichert. Eine Grabinschrift um 400 in der Katakombe San Giovanni in Syrakus, ihre Erwähnung in allen Martyrologien und um 600 ihr Patronat über ein Luciakloster in Syrakus und in Rom lassen diese Deutung sicher zu.

Der Legende nach war Lucia die Tochter eines wohlhabenden römischen Bürgers in Syrakus (heute Siracusa). Ihr Vater starb früh und ihre Mutter Eutychia wollte sie verheiraten. Lucia hatte jedoch Keuschheit gelobt und schob die Verlobung vor sich her. Als Lucias Mutter nach einem Gebet am Grab der heiligen Agatha in Catania vom Blutfluss geheilt wurde, akzeptierte sie das Gelübde ihrer Tochter. Der abgewiesene Bräutigam übte Rache und zeigte Lucia bei der Diokletianischen Christenverfolgung als Christin an. Ihres Gelübdes wegen sollte sie in ein Bordell gebracht werden; es heißt, ein Ochsengespann und tausend Männer hätten sie nicht fortbewegen können. Nach verschiedenen Qualen, Martern und Wundern sei sie schließlich durch einen Schwertstich in den Hals getötet worden. Eine andere Legende behauptet, man habe ihr die Augen herausgerissen.

Die Reliquien der heiligen Lucia sollen um 1038 nach Konstantinopel und von dort nach Venedig gebracht worden sein. Aufbewahrt wurden sie in San Giorgio Maggiore. Als diese Kirche 1860 zur Erweiterung des Bahnhof Santa Lucia abgerissen wurde, verbrachte man die Gebeine in die benachbarte Kirche Sante Geremia e Lucia. Andere Quellen behaupten, die Reliquien der heiligen Lucia seien zu Beginn des 8. Jahrhunderts nach Corfinum (heute: Pentima) und 970 nach Metz gelangt.

Der Gedenktag der heiligen Lucia wurde seit jeher am 13. Dezember begangen. Ihr Name Lucia (die Leuchtende, von lat. lux) stand damit in Beziehung zu diesem Termin, der – vor der Gregorianischen Kalenderreform – die Wintersonnwende

WISSENSWERT

traf. Lucia wurde so am Tag der längsten Nacht zur Lichtbringerin, die Hoffnung in der Zeit der Dunkelheit verkörperte. Lichtriten sind also mit ihrem Tag verbunden.

Das schwedische Luciafest ist traditioneller Bestandteil des adventlichen Brauchtums. Weiße Gewänder, brennende Kerzen, ein Lichtkranz auf dem Kopf einer Tochter und zugehörige Lieder kennzeichnen den Tag, der mit einem besonderen Frühstück beginnt und sich in Kindergarten, Schule und am Arbeitsplatz fortsetzt. Dieses schwedisch akzentuierte Brauchtum lässt sich seit dem Mittelalter nachweisen. Ein landesweites Brauchtum ist es aber erst seit dem 19. Jahrhundert, als das Stockholmer Freilichtmuseum Skansen die westschwedische Luciatradition popularisierte.

MACH MIT!

WINDLICHT

Du brauchst:

Einmachglas
feinen Sand (z. B: Vogelsand)
Teelicht oder Stumpenkerze
Tonpapier oder Fotokarton
evtl. Transparentpapier und
Kleber
Naturbast

→ Kopiervorlage Seite 147

So wird's gemacht:

Fülle das Einmachglas zu einem Drittel mit Sand. Stelle ein Teelicht oder eine Kerze hinein. Schneide aus Fotokarton oder aus Tonpapier zwei Sterne aus. Wenn du magst, schneidest du in der Mitte zusätzlich einen kleinen Stern aus. Diesen kleinen Stern hinterklebst du dann mit Transparentpapier.

Lege von vorn und hinten einen Stern um das Windlicht und binde die Sterne mit Naturbast fest. Mit dem Windlicht kannst du anderen Menschen eine Freude machen, indem du ihnen am Luciatag oder an einem anderen Tag im Advent ein Licht bringst.

Gott ist groß und mächtig

Ich bin der Evangelist Johannes. Dargestellt werde ich mit dem Symbol des Adlers. Der Adler ist der König der Lüfte. Mit seinen großen Flügeln schwingt er sich auf in den Himmel.

Einem Adler gleich sollen auch die Worte meines „Evangeliums" sein. Sie wollen zeigen: Gott ist groß und mächtig. Denn aus den Worten meiner „Frohen Botschaft" spricht Jesus selbst. Deshalb haben die Worte eine besondere Kraft. So bleiben Jesus und seine Botschaft immer lebendig. Wenn wir die Worte seiner „Frohen Botschaft" im Gottesdienst hören, dann können wir spüren: Jesus ist mitten unter uns. Er zeigt uns den Weg der Liebe und des Friedens. Diese Botschaft dürfen wir anderen Menschen weitersagen.

Johannes

Apostel, Evangelist

Geboren: unbekannt

Gestorben: um 101

Gedenktag: 27. Dezember

Patron der Bildhauer, Maler, Buchhändler, Beamten, Metzger

Kennzeichen/Attribute: Adler, Becher, Kreuz, Schreibfeder

DER NAME JOHANNES bedeutet „Gott ist gnädig". Bevor der Evangelist Johannes ein Jünger Jesu wurde, war er ein Jünger von dessen Wegbereiter Johannes dem Täufer. Johannes und sein Bruder Jakobus der Ältere waren von Beruf Fischer gewesen, bevor sie zu Jüngern Jesu wurden. Johannes stand Jesus sehr nahe. Er wird in dem Johannesevangelium als dessen Lieblingsjünger bezeichnet (vgl. Johannes 21,24). Seit der zweiten Hälfte des 2. Jahrhunderts wird der Jünger Johannes mit dem Evangelisten Johannes gleichgesetzt, was geschichtlich aber nicht erwiesen ist. Auch ist es unklar, ob Johannes das Evangelium und die Briefe selbst geschrieben hat. Der neue-

WUSSTEST DU …

ren Bibelauslegung zufolge stammen das Evangelium und die Briefe von Schülern des Johannes. Bis zu seiner Verbannung auf die Insel Patmos durch den römischen Kaiser Domitian (81–96) während der Christenverfolgung war Johannes in Ephesus tätig. Auf der Insel Patmos schrieb Johannes die Offenbarung. Er starb im hohen Alter (100/101 n. Chr.) und war der einzige Apostel, der nicht zum Märtyrer wurde.

David und Goliat

David war der jüngste Sohn in der Familie und wuchs in Betlehem auf. Er war schön und fröhlich, sang gern und spielte dazu die Leier, ein Zupfinstrument. Als er einmal auf dem Feld die Schafe hütete, kam ein Mann mit Namen Samuel zu ihm. Er trug ein Gefäß mit kostbarem Öl bei sich und verteilte das Öl auf Davids Kopf. Beide wussten: Das ist ein heiliges Zeichen, denn gesalbt wird, wer König werden soll. Aber noch war David ja ein junger Mann, der bei seinen Eltern lebte. Und ein anderer saß auf dem Königsthron: Saul.

Saul führte viele Kriege. Einmal zog er mit den Soldaten Israels in den Krieg gegen die Philister. Die beiden verfeindeten Armeen standen sich gegenüber. Jeden Morgen schickten die Philister ihren stärksten Mann heraus: Goliat. Der war über drei Meter groß und trug eine Rüstung aus Bronze. Er stellte sich den israelitischen Schlachtreihen gegenüber auf und brüllte: „Los, wählt euren besten Mann aus und schickt ihn zu mir! Wenn er mich töten kann, dann werden wir eure Sklaven sein. Aber wenn ich ihn erschlage, dann sollt ihr uns als Sklaven dienen." Immer

HIMMELSWEGE ZEIGT MIR …

Ein ganz besonderer Held …

… ist für mich König David. David, dem nichts Menschliches fremd war, der sich an Gott und den Menschen versündigte und sich als König gewaltsam nahm, was ihm gefiel. Kein so makelloser und frommer Mann wie etwa Mose, der nur ein einziges Mal sündigte, weil er dem Herrn nicht vertraute. So ging David ein Abenteuer mit der verheirateten Batseba ein, versuchte aber, als sie schwanger wurde, dem Ehemann Urija das Kind unterzuschieben. Als das nicht klappte, schickte David ihn einfach in den Krieg und sicheren Tod. Und doch war David der von Gott erwählte König Israels! Die Bibel berichtet auch von dem ungeheuren menschlichen Leid, das David widerfuhr, etwa davon, wie Abschalom, sein eigener Sohn, den blutigen Aufstand gegen den Vater wagte und so überaus qualvoll und schmachvoll zu Tode kam. Kein strahlender Held also, sondern ein leibhaftiger Mensch, mit all seiner Tragik und Schuld, seinem Größenwahn, seinem Schmerz und seiner Ohnmacht.

Michael Degen, Schauspieler und Bestsellerautor

wenn König Saul und seine Soldaten das hörten, bekamen sie große Angst. Das ging sechs Wochen lang so, jeden Morgen und jeden Abend.

Eines Tages wurde David von seinem Vater zu seinen Brüdern geschickt, die Saul als Soldaten dienten. Als er bei ihnen ankam, zogen die Soldaten gerade unter lautem Kriegsgeschrei zum Kampfplatz und gingen in Stellung. Ihnen gegenüber standen die Philister. Da trat Goliat vor, und David hörte, wie er die Israeliten zum Kampf herausforderte. Kaum hatten die Israeliten Goliat erblickt, da ergriffen sie die Flucht.

David erfuhr von den Soldaten, dass Saul eine hohe Belohnung für den ausgesetzt hatte, der Goliat tötete. Während er mit ihnen redete, kam sein ältester Bruder dazu und wurde zornig. „Was hast du hier zu suchen?", fuhr er ihn an. „Du solltest doch zu Hause die Schafe hüten, Kleiner! Ich weiß, wie eingebildet du bist; du willst dir nur eine Schlacht ansehen!"

Aber David ließ sich zum König bringen und bat aufgeregt: „Mein König, von diesem Goliat dürfen wir uns doch nicht einschüchtern lassen; ich will den Kampf mit ihm aufnehmen." – „Unmöglich!", erwiderte Saul. „Du bist noch zu jung und völlig unerfahren als Soldat." Da erzählte

David

König von Juda und von Israel

Geboren: unbekannt

Gestorben: 965 v. Chr.

Gedenktag: 29. Dezember

Patron der Sänger, Musiker, Dichter und Bergleute

David dem Saul, wie er schon wilde Tiere besiegt hatte, wenn sie seine Schafe angriffen. Schließlich gab Saul nach: „Gut, du sollst mit Goliat kämpfen. Möge Gott dir beistehen."

Man zog David eine Rüstung an, aber die war so schwer, dass er kaum einen Schritt damit gehen konnte. Da zog er sie wieder aus, nahm seinen Hirtenstab und seine Steinschleuder, holte fünf flache Kieselsteine aus einem Bach und steckte sie in seine Tasche. Dann ging er auf den Riesen zu.

Als Goliat den David erblickte, brüllte er: „Jetzt schicken sie schon Kinder in den Krieg! Na, komm nur her! Ich werde dein Fleisch den Geiern zu fressen geben." Und Goliat verspottete den Gott Israels.

Doch David rief zurück: „Du, Goliat, trittst gegen mich an mit Schwert, Lanze und Spieß. Ich aber komme im Namen unseres Gottes, den du eben verspottet hast. Er wird euch in unsere Gewalt geben."

David lief Goliat entgegen, nahm einen Stein aus seiner Tasche, legte ihn in die Steinschleuder und schleuderte ihn mit aller Wucht gegen den Feind. Der Stein traf Goliat am Kopf und bohrte

sich tief in seine Stirn. Da stürzte der Riese zu Boden. Als die Philister sahen, dass ihr stärkster Mann tot war, ergriffen sie die Flucht. Die Männer Israels stimmten ein lautes Siegesgeschrei an und jagten hinter den fliehenden Feinden her.

Nachdem David für Saul den Sieg errungen hatte, kam er an den Hof des Königs. Saul machte David zum Führer seiner Armee. David war beliebt, und als der König Sorge hatte, das Volk könnte David sogar mehr achten als ihn selbst, da verfolgte Saul ihn, und er musste um sein Leben fürchten. Aber nach Sauls Tod riefen die Ältesten des Volkes David zum König von ganz Israel aus. Durch ihn wurde Jerusalem zur Hauptstadt. Er ließ die Bundeslade mit den steinernen Tafeln nach Jerusalem holen, die einst Mose mit den Worten Gottes beschrieben hatte. David plante für die Bundeslade ein großes Haus, den Tempel. Daran wurde jahrzehntelang gebaut, und David erlebte seine Vollendung nicht mehr.

Heute steht vom Tempel nur noch eine Wand, die Klagemauer.

Georg Schwikart

WISSENSWERT

DAVID war der achte und jüngste Sohn Isais und lebte ungefähr 1000 v. Chr. Er war blond, gut aussehend und musikalisch. Aufgrund seines Zitherspiels wurde er zu König Saul gerufen, der sich nach ein wenig Aufmunterung sehnte. Saul war von David so beeindruckt, dass er ihn zu seinem persönlichen Waffenträger machte. Durch den Sieg Davids über Goliat gewann David die Gunst der Israeliten. Sie feierten den Bezwinger des Riesen Goliat mit den Worten „Saul hat Tausend erschlagen, David aber Zehntausend". Saul wurde eifersüchtig und gab David seine Tochter Michal zur Frau. Michal sollte „ihm zum Verhängnis werden". Aber die Tochter Sauls liebte ihren Mann und verhalf ihm zur Flucht. Immer wieder versuchte David, Saul von seiner Treue zu überzeugen. In der Schlacht im Gebirge von Gilboa stürzte sich Saul schließlich ins eigene Schwert und auch Davids treuer Freund Jonatan kam um. Durch Sauls Tod wurde aus dem Flüchtling David ein unabhängiger König. David festigte das Reich durch viele Siege und dehnte Israels Einflussgebiet bis zum Euphrat aus. Ein großer Teil der Psalmen gilt als sein Werk. Er starb in hohem Alter im Jahre 965 v. Chr., nach 40-jähriger Regierung über das Volk Israel. Mit König David wird aller Vorfahren Jesu Christi gedacht. Besonders verehrt wird er in Jerusalem (Lat. Patriarchat). Das Leben Davids ist in den Büchern Samuel (1 Sam 16,1–31,1ff. und 2 Sam 1,1ff.), in den Büchern der Könige (1 Kön 1,1–2,1ff.) und im ersten Buch der Chronik (1 Chr 10,1–29,1ff.) nachzulesen.

Der Psalm vom guten Hirten

Der Herr ist mein Hirte,
nichts wird mir fehlen.
Er lässt mich ausruhen
auf grünen Wiesen
und führt mich
zum Ruheplatz am Wasser.
Er gibt mir alles, was ich brauche;
er führt mich auf dem richtigen Weg,
auf ihn kann ich mich verlassen.
Muss ich auch wandern
in finsterer Schlucht,
so fürchte ich trotzdem nichts Böses;
denn du bist bei mir,
dein Stock und dein Stab
schenken mir Zuversicht.
Du deckst mir den Tisch
vor den Augen meiner Feinde.
Du salbst mein Haupt mit Öl,
du füllst mir reichlich den Becher.
Du wirst mein Leben lang
gut zu mir sein.
Im Haus des Herrn
darf ich bleiben
für alle Zeit.

Nach Psalm 23

WUSSTEST DU …

DAS BUCH DER PSALMEN enthält insgesamt 150 Lieder oder Lobgesänge. David gilt als Verfasser vieler dieser Psalmen, auch des Psalms 23. Er war selbst Hirte, bevor er zum König auserwählt wurde, und er wusste, was es heißt, sich um eine Herde zu kümmern.

Vorlagen zu Seite 25

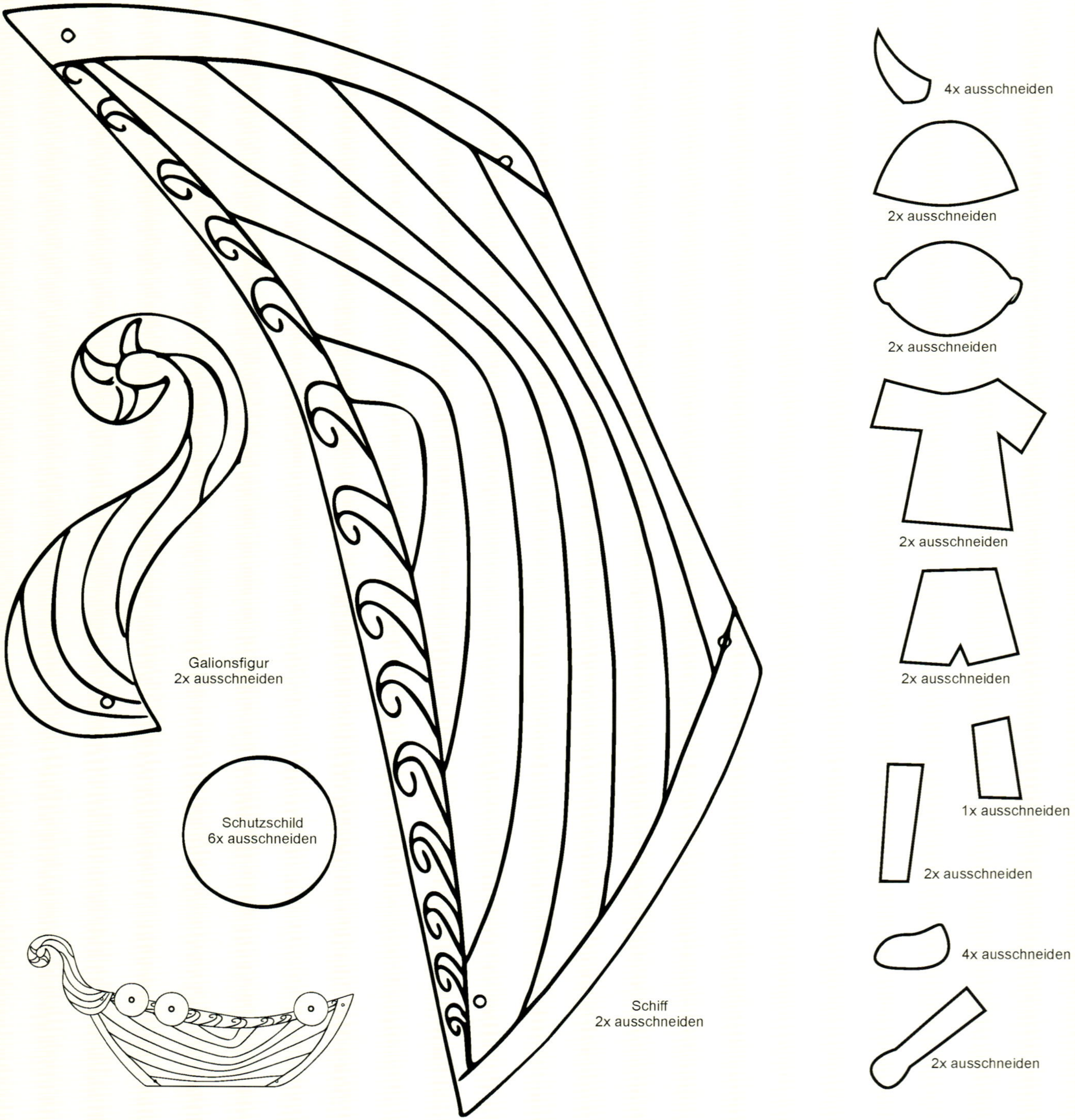

4x ausschneiden

2x ausschneiden

2x ausschneiden

2x ausschneiden

2x ausschneiden

1x ausschneiden

2x ausschneiden

4x ausschneiden

2x ausschneiden

Galionsfigur
2x ausschneiden

Schutzschild
6x ausschneiden

Schiff
2x ausschneiden

Vorlagen zu Seite 140

Quellennachweise

Texte:

S. 7: Papst Franziskus am 24. 04. 2014, anlässlich der Heiligsprechung der Päpste Johannes XXIII. und Johannes Paul II.

S. 8 sowie alle Texte der Rubrik „Wissenswert": © Prof. Manfred Becker-Huberti, Grevenbroich

S. 11: © Heinrich Engel

S. 12: aus: Reinhard Abeln, Mein kleines Buch über Maria. © 2006 Butzon & Bercker GmbH, Hoogeweg 100, 47623 Kevelaer, www.bube.de

S. 13: aus: Eleonore Beck, So können Kinder beten. © 2001 Butzon & Bercker GmbH, S. 26

S. 16, 37, 64, 124: aus: Max Bolliger, Wie Georg den Drachen bezwang und 51 weitere Legenden für jede Woche des Jahres. © Verlag Herder, Freiburg im Breisgau, 4. Aufl. 1998

S. 19, 50, 112: aus: Vera Schauber/ Michael Schindler: Ein Löwe für Hieronymus © Don Bosco Verlag, München

S. 25: Bastelanleitung Wikingerschiff © KiKA – Der Kinderkanal von ARD und ZDF 2015 licensed by ZDF Enterprises GmbH, Mainz

S. 28, 32, 128, 137, 142: © Bonifatiuswerk der deutschen Katholiken/ Diaspora-Kinderhilfe

S. 30: aus: Reinhard Abeln, Mein buntes Jahrbuch zur Erstkommunion. © 2006 Butzon & Bercker GmbH, Hoogeweg 100, 47623 Kevelaer, www.bube.de

S. 40: aus: Georg Schwikart, Vom heiligen Bonifatius den Kindern erzählt. © 2008 Butzon & Bercker GmbH, Hoogeweg 100, 47623 Kevelaer, www.bube.de

S. 44, 47, 66, 70, 96, 98, 100, 120: © bei der Autorin

S. 54: aus: Erich Jooß/Ute Thönissen: Die Bibel erzählt für Kinder. © Verlag Herder, Freiburg im Breisgau 2007

S. 57: © Bonifatiuswerk der deutschen Katholiken/Diaspora-Kinderhilfe

S. 60: © Bonifatiuswerk der deutschen Katholiken/Diaspora-Kinderhilfe

S. 63: aus: Elsbeth Bihler, Du hast uns eingeladen. Wortgottesdienste mit Kindern. © 2007 Lahn-Verlag in der Butzon & Bercker GmbH, Hoogeweg 100, 47623 Kevelaer, www.lahn-verlag.de, 3. Aufl., S. 234

S. 69, 101, 141: Felicitas Gleumes

S. 72: © Bonifatiuswerk der deutschen Katholiken/Diaspora-Kinderhilfe

S. 75: © Bonifatiuswerk der deutschen Katholiken/Diaspora-Kinderhilfe

S. 77, 102: aus: Elfriede Prskawetz, Theresa. Tyrolia-Verlag Innsbruck/ Wien 1999, S. 30–38 und 1–14 (gekürzt)

S. 82: © bei der Autorin

S. 88: © Anselm Grün

S. 89: aus: James Krüss, In Tante Julies Haus, © 2008 Boje Verlag in der Bastei Lübbe AG, Köln

S. 92: © bei der Autorin

S. 93: © Krenzer-Erben

S. 94: aus: James Krüss, Briefe an Pauline, © 2008 Boje Verlag in der Bastei Lübbe AG, Köln

S. 108: © bei der Autorin

S. 115: aus: Elsbeth Bihler, Sankt Martin feiern. © 2010 Lahn-Verlag in der Butzon & Bercker GmbH, Hoogeweg 100, 47623 Kevelaer, www.lahn-verlag.de, 3. Aufl., S. 13

S. 116: Ortfried Pörsel, Begegnung, aus: Rolf Krenzer, Martin, Martin, guter Mann, 1997 Lahn-Verlag Verlag in der Butzon & Bercker GmbH, Hoogeweg 100, 47623 Kevelaer, www.lahn-verlag.de, © Ortfried Pörsel

S. 123: Das Statement von Bundespräsident a. D. Horst Köhler ist mit freundlicher Genehmigung durch das Bundespräsidialamt entnommen aus dem Grußwort von Horst Köhler zur Wallfahrt anlässlich des 800. Geburtstags Elisabeths von Thüringen, 16.09.2007, Erfurt

S. 126, 132: © Willi Fährmann

S. 127: © bei der Autorin

S. 129: aus: James Krüss, Siehst Du bei Nacht die Sterne, © 2014 Boje Verlag in der Bastei Lübbe AG, Köln

S. 130: aus: Josef Guggenmos, Groß ist die Welt, © 2006 Beltz & Gelberg in der Verlagsgruppe Beltz, Weinheim/Basel

S. 136: aus: Barbara Cratzius, Vom Nikolaus den Kindern erzählt. © 2004 Butzon & Bercker GmbH, Hoogeweg 100, 47623 Kevelaer, www.bube.de (5. Aufl.)

S. 145: aus: Reinhard Abeln, Die Grundgebete den Kindern erklärt. © 2014 Butzon & Bercker GmbH, Hoogeweg 100, 47623 Kevelaer, www.bube.de

Fotos:

S. 10, 14, 43, 80, 85, 107, 118, 122: © sissoupitch – Fotolia.com; S. 11: © Olivier Rault – Fotolia.com; S. 12: © CURAphotography – Fotolia.com; S. 15: © Vladislav Gajic – Fotolia.com; S. 18: © ACBahn – Wikipedia; S. 24: © powell83 – Fotolia.com; S. 25, 146: Viola Ahrens © KiKA – Der Kinderkanal von ARD und ZDF 2015 licensed by ZDF Enterprises GmbH, Mainz; S. 31: © sedmak – iStock; S. 36: © VS – Fotolia.com; S. 38: © Stefano Bolognini – Wikipedia; S. 45: © ZvonimirAtleti – iStock; S. 46: © Volker Neumueller; S. 56: © Photocreo Bednarek – Fotolia.com; S. 59: © jamenpercy – Fotolia.com; S. 62 oben: Johann Jaritz – Wikipedia; S. 62 unten: © Butzon & Bercker GmbH, Kevelaer; S. 67: Anne-Madeleine Plum – Wikipedia; S. 71: © tauav – Fotolia.com; S. 73: © ErikdeGraaf – iStock; S. 78: © K. H. Melters, missio Aachen; S. 81: © BeTa-Artworks – Fotolia.com; S. 84: © Barbara Stühlmeyer; S. 86: Dirk Vorderstraße – Wikipedia; S. 89: © Jeanette Dietl – Fotolia.com; S. 103: © David Monniaux – Wikipedia; S. 109: © L'Osservatore Romano; S. 103: © Andre Bonn – Fotolia.com; S. 117: © FFCucina Liz Collet – Fotolia.com; S. 118 unten: © Marina Lohrbach – Fotolia.com; S. 126: © joda – Fotolia.com; S. 130: © Liliia Rudchenko – Fotolia.com; S. 131: © stillkost – Fotolia.com; S.135: Verlagsarchiv; S. 140: © Frank Küster, Düsseldorf; S. 144: © Alberto Masnovo – Fotolia.com

Wikipedia: Die Lizenzbedingungen für die Nutzung der Bilder sind einzusehen unter http://creativecommons.org/licenses/by-sa/3.0

Das Copyright an den Fotos der Rubrik „Himmelswege zeigt mir" liegt bei den jeweiligen Fotografen.

Für meine Patenkinder (G. A.)
Für Veronika und Constantin (M. M.)
Für meine Eltern (N. W.)

Bibliografische Information der Deutschen Nationalbibliothek
Die Deutsche Nationalbibliothek verzeichnet diese Publikation
in der Deutschen Nationalbibliografie; detaillierte bibliografische Daten
sind im Internet über http://dnb.d-nb.de abrufbar.

In Kooperation mit dem Bonifatiuswerk
der deutschen Katholiken e. V.

Das Gesamtprogramm
von Butzon & Bercker
finden Sie im Internet
unter www.bube.de

ISBN 978-3-7666-1893-1

© 2015 Butzon & Bercker GmbH, Hoogeweg 100, 47623 Kevelaer, Deutschland,
www.bube.de
Alle Rechte vorbehalten.
Umschlaggestaltung: Elisabeth von der Heiden, Geldern
Layout & Satz: Kai & Amrei Serfling GbR, Leipzig
Printed in Poland.

Die DOPPEL-CD zum Buch

Himmelswege
Geschichten und Lieder von Heiligen und Helden

In Kooperation mit dem Bonifatiuswerk und dem Robert Haas Musikverlag

✔ Mit den schönsten und spannendsten Geschichten aus dem gleichnamigen Buch

✔ Gelesen von Rosel Zech, Hardy Krüger jr., Armin Maiwald, Michael Degen, Nadja Uhl, Erwin Grosche, Peter Sodann, Abtprimas Notker Wolf, Karl Kardinal Lehmann

✔ Stimmungsvolle Lieder von Robert Haas

2 Audio-CDs | Digipack
Laufzeit: ca. 102 Minuten
Art.-Nr. 90667486

BUTZON BERCKER

Mein Memo von den Heiligen

In Kooperation mit dem Bonifatiuswerk

✔ Spielerisch die Heiligen kennenlernen
✔ Für kleine und große Gedächtniskünstler
✔ 36 Bildpaare mit farbenfrohen Bildern von Franz von Assisi, Lukas, Barbara u. a.
✔ Mit informativem Begleitheft über Leben und Symbole der Heiligen

Kartenlegespiel mit 36 Bildpaaren
72 vierfarbig illustrierte Karten
plus Begleitheft im Format 6 x 17 cm
Boxformat: 6,8 x 6,8 x 20 cm
Art.-Nr. 905 674 35

BUTZON BERCKER

Dieses Buch entstand in Kooperation mit dem Bonifatiuswerk der deutschen Katholiken e. V.

Das Bonifatiuswerk der deutschen Katholiken ist das Hilfswerk für den Glauben, das katholische Christen in der Diaspora unterstützt. Diaspora sind die Gebiete, in denen Katholiken eine Minderheit darstellen. In Bayern oder Italien zum Beispiel sind die meisten Menschen katholisch, doch in Nordeuropa sind es nur ganz wenige. Das Bonifatiuswerk sammelt Spenden und unterstützt damit katholische Christen in Nord- und Ostdeutschland, in den skandinavischen Ländern Dänemark, Finnland, Island, Schweden und Norwegen sowie in den baltischen Staaten Estland und Lettland. Außerdem fördert es Initiativen und Projekte, mit denen der Glaube weitergegeben werden kann – so, wie es der heilige Bonifatius, nach dem das Bonifatiuswerk benannt ist, vorgelebt hat.

Die konkrete Hilfe kann ganz unterschiedlich aussehen: Einige benötigen einen Bus, um die Kinder zum Religionsunterricht ins Pfarrheim abzuholen, denn nicht überall wird Religion in der Schule unterrichtet. Andere brauchen Geld, um eine Kirche zu bauen. Hier soll ein Haus Menschen in Not Zuflucht gewähren, die vernachlässigt oder geschlagen werden. Dort soll Kindern, die zu Hause nicht richtig versorgt werden, in einem Kindergarten ein warmes Mittagessen angeboten werden. In einem Hospiz kümmern sich Helfer um Kinder, die noch jung sterben müssen, und um deren Familien – sie sollen nicht allein gelassen werden auf ihrem schweren Weg.

Alle Kinder, die zur Erstkommunion gehen, und alle Jugendlichen, die gefirmt werden, sind eingeladen, von dem Geld, das sie zu ihrem Fest geschenkt bekommen, etwas abzugeben. Damit kann das Bonifatiuswerk Kindern und Jugendlichen in der Diaspora helfen, damit mehr Menschen auf der Welt die Liebe Gottes spüren. Schon der heilige Bonifatius hat viel Gutes gebracht. Heute können Kinder und Jugendliche durch ihre Spende ein Zeichen der Gemeinschaft mit anderen, denen es nicht so gut geht, setzen und so dem Vorbild des heiligen Bonifatius folgen.

Bonifatiuswerk der deutschen Katholiken e. V.
Kamp 22
33098 Paderborn
Telefon: 05251 2996-0
Telefax: 05251 2996-88
E-Mail: info@bonifatiuswerk.de
Internet: www.bonifatiuswerk.de